BUZZ

Publisher ANDERSON CAVALCANTE
Editora SIMONE PAULINO
Assistente editorial SHEYLA SMANIOTO
Projeto gráfico ESTÚDIO GRIFO
Assistentes de design LAIS IKOMA, STEPHANIE Y. SHU
Revisão BRUNA DEL VALLE, MARIANA FUJISAWA

Dados Internacionais de Catalogação na Publicação (CIP)
(Câmara Brasileira do Livro, SP, Brasil)

Falconi, Bella
Quem tocou minha vida?: como reconstruí minha vida com a liderança de Jesus / Bella Falconi
São Paulo: Buzz Editora, 2018.
192 pp.

ISBN 978-65-86077-53-7

1. Espiritualidade 2. Fé 3. Superação 4. Histórias de vida
I. Título.

17-03485 CDD-270.092

Índices para catálogo sistemático:
1. Espiritualidade 2. Fé 270.092

Buzz Editora Ltda.
Av. Paulista, 726 - mezanino
CEP: 01310-100 São Paulo, SP

[55 11] 4171 2317
[55 11] 4171 2318
contato@buzzeditora.com.br
www.buzzeditora.com.br

Bella Falconi

QUEM TOCOU MINHA VIDA?

Como reconstruí minha vida com a liderança de Jesus

Quem tocou minha vida? O ser humano é basicamente um ser de toque. Precisamos ser tocados. Tocados pela mãe ao nascer, tocados com ternura ao crescer, tocados pela nossa música predileta e, acima de tudo, tocados pelas mãos de amor do nosso Mestre, Jesus.

O toque é parte de todo relacionamento e Deus nos criou assim, pois Ele mesmo buscava um relacionamento pessoal quando criou o ser humano.

Que este livro, escrito com tanto carinho e dedicação, toque a sua alma, trazendo um despertar para o que realmente vale a pena nesta vida, e abra diante de você um horizonte de novas possibilidades ancoradas nas habilidades que o próprio Criador depositou em você.

ALEXIS RODRIGO, PASTOR

A Bella é uma amiga que inspira. Ela realmente vai além e edifica as nossas vidas de uma forma maravilhosa e linda! Estou certa de que as páginas deste livro vão fazer você viver uma experiência poderosa e criar em seu dia a dia hábitos e comportamentos que o farão muito mais feliz! Eu e ela temos em comum uma Fé Verdadeira em um Jesus maravilhoso que nos tem feito bem demais! Minha amiga, quero que Deus a abençoe e que este seja o primeiro de muitos livros que você vai escrever e que abençoarão o mundo!

SIMONE MENDES, CANTORA

Conheci a Bella em um programa de televisão onde ela era desafiada o tempo todo, não fisicamente, mas psicologicamente. Era uma luta a cada gravação, onde ela sempre era levada até os seus limites. Poderia ser fácil, pois a Bella é uma guerreira nata, mas obstáculos são sempre obstáculos. Independente do perfil de cada um, sem as ferramentas certas é impossível vencer. Este livro reflete muito bem o que a Bella é e tudo o que ela transparece. Tenho certeza de que ele irá ajudá-lo na sua jornada até a vitória. Só tenho a parabenizá-la pelo seu primeiro livro de vários que, tenho certeza, virão pela frente!

JOSÉ ALDO, LUTADOR

Dedicatória

Nenhum grande triunfo é alcançado sozinho. Adoro aquela frase que diz: "quem vai só, vai mais rápido. Mas quem vai junto, vai mais longe". Sou grata a Deus por todas as pessoas fundamentais que colocou em minha vida. Sei que cada uma delas foi essencial para o meu crescimento.

Dedico esta obra à minha amada mãe, Maria Lucia, por ser o meu maior referencial. Por você ser quem é, eu sou quem sou. Te amo profundamente, muito além do que as palavras conseguem expressar.

Ao meu pai, Wander, que, mesmo sem saber, fez parte de um importante processo de busca e autoconhecimento em esferas espirituais jamais anteriormente acessadas em minha vida.

Ao grande amor da minha vida, Ricardo (Maguila), meu maior apoiador, meu melhor amigo e alicerce. Você transformou a minha vida, em todos os sentidos.

Às minhas amadas filhas Victoria e Stella, meus tesouros, minha herança do Senhor, que me ensina e inspira a cada dia a ser um ser humano melhor.

Aos meus irmãos Wander Júnior e Raphaela, amigos inseparáveis, dois maravilhosos presentes de Deus em minha vida. O que seria de mim sem vocês?

Ao meu pastor, Alexis Rodrigo, que pacientemente me conduziu através das escrituras sagradas, não medindo esforços para me ensinar muito, e quase tudo que sei, sobre a Palavra de Deus.

À minha mãe na fé, Eva Cassimiro, que me deu um dos maiores presentes de minha vida, quiçá o maior, que foi me ajudar a conhecer Jesus.

Ao meu grande amigo e irmão de coração, Luciano Bruno, que faz parte da minha trajetória profissional e sempre esteve ao meu lado, despejando amor e encorajamento na minha caminhada.

Ao meu grande amigo Caio Carneiro, que esteve presente na minha primeira palestra em 2013, oferecendo todo o apoio, e que também me incentivou a, finalmente, desenvolver e publicar essa obra.

A cada um de vocês, leitores e apoiadores, que sempre estiveram ao meu lado, mesmo que virtualmente, acreditando em meu trabalho e me dando uma grande oportunidade de ser uma voz levando mensagens de luz para esta geração.

Meu sincero agradecimento à editora Buzz, por ter acreditado no meu trabalho e por ter viabilizado esta obra de maneira tão humana e carinhosa.

E, acima de tudo e de todos, minha dedicação e gratidão a Deus! Pois sem Ele nada seria possível ou viável e, com certeza, eu não estaria aqui hoje, publicando este livro. Obrigada, Senhor, pelo dom da vida e por esta oportunidade de colocar em palavras tudo aquilo que está em meu coração. Toda honra e toda glória a Ti.

Que este seja o primeiro de muitos livros!

Prefácio

KAKÁ, JOGADOR DE FUTEBOL, CAMPEÃO DO MUNDO EM 2002.

Um dos períodos mais difíceis da minha vida foi quando, com fortes ventos, fui perdendo o equilíbrio. Os três pilares da minha vida estavam sendo fortemente abalados: as áreas espiritual, familiar e profissional.

Esse abalo fez com que eu achasse a minha identidade. Como assim? O que falam por aí é que perdemos a nossa identidade. Pois é, mas, nesse caso, eu realmente encontrei a minha.

Vivemos em uma sociedade com uma grande inversão de valores, entre eles o de nos tornarmos apenas aquilo que temos ou fazemos. Na infância, somos corretamente reconhecidos por sermos filhos de alguém, que recebe esse prêmio por nos amar incondicionalmente. Até o momento da inversão, onde nos tornamos aquilo que fazemos ou possuímos: o jogador, o doutor ou a dona. O problema não é vestir essa roupa, e sim ela se tornar a sua pele.

Em um curto período, passei de melhor jogador de futebol do mundo para uma das piores contratações da história de um dos maiores clubes do esporte mais popular do mundo. E assim, através do abalo do que eu fazia profissionalmente, junto com um problema familiar e uma dificuldade religiosa, minha casa começou a chacoalhar. Ah, e como chacoalhou!

Mas foi a partir dessa grande tempestade que realmente me encontrei. Nasci em um lar cristão, fui educado com valores do cristianismo. Se aquilo em que eu acreditava estava certo, poderiam vir ventos e tempestades, mas a casa não iria ruir. Por quê? Porque a base e o fundamento não eram coisas ou feitos, bens ou pertences. A verdadeira base é uma pedra que jamais é abalada e ela tem um nome, que está acima de todo nome: Jesus!

Foi aí que encontrei a minha real identidade, firmado nessa pedra. Deixei de ser para mim mesmo o Kaká, jogador de futebol. E passei a me reconhecer como o Kaká, filho e servo do Deus Vivo, abençoado com a habilidade de jogar futebol. A partir daí todas as coisas começaram a se encaixar na minha vida. Cada uma em seu respectivo lugar, de uma forma correta e não mais distorcida.

As dificuldades e lutas acabaram? Longe disso! Só que agora eu luto com uma grande consciência de onde está a minha força.

Por tudo isso, identifiquei-me com muitos momentos deste livro, desde as batalhas internas e as dificuldades, até os momentos de vitória e realização. Dos momentos de angústia, dor e ansiedade, até os momentos de alegria, força, superação e perseverança.

Nas próximas páginas dessa aventura que a Bella nos convida a participar você será edificado, aconselhado e motivado a seguir se encantando por essa jornada maravilhosa chamada vida!

Minha oração é para que, através das experiências de vida da Bella, os que estão perdidos e confusos possam se encontrar. Os que precisam de ânimo, que encontrem forças no encorajamento dessa guerreira. Aos que estão em algum extremo, que os conselhos e as orientações os ajudem a se equilibrar.

A vida de cada um de nós é uma obra-prima incomparável e insubstituível. E já que a Bella Falconi resolveu compartilhar a dela, vamos desfrutar dessa oportunidade.

Boa leitura!

Introdução

Ansiedade, insegurança, pressão constante, cobranças, baixa autoestima, ego inflado, falta de dinheiro, vazio existencial, confusão, sede espiritual, ter de lidar com desculpas, falta de motivação, angústia. Esses são os problemas típicos do mundo moderno, que frequentemente levam à depressão.

Assisto, todos os dias da minha vida, à necessidade de as pessoas buscarem o melhor para si. Recebo centenas de mensagens nas minhas redes sociais e e-mails de pessoas que compartilham comigo a sua busca "desesperada" pela paz de espírito e completude em suas vidas.

A ausência de paz e o sentimento de não estar vivendo verdadeiramente nossa missão provêm da falta de autoestima, do fato de não sabermos quem somos e de estarmos a cada dia mais acorrentados a ilusões. Essa ausência também se dá pela falta de dedicação à espiritualidade e a coisas que realmente façam sentido em nossa existência. Estamos muito ocupados com preocupações vazias e não nos sobra tempo para nos dedicarmos a assuntos profundos, a valores que nos elevam e ao que nos conduz a encontrar o sentido de nossa vida.

Mesmo muitas vezes sem termos consciência disso, todos estamos numa luta constante pelo resgate de nossa identidade e sofremos angustiados, sem ao menos entender o porquê de falharmos constantemente nessa luta e de desistirmos, subitamente e por tantas vezes, de nossos objetivos.

Nos tornamos, cada vez mais, uma sociedade que padece pelo excesso de vidas ensaiadas e roteirizadas. E assim vemos cada vez menos pioneiros, menos desbravadores, menos autenticidade e menos satisfação com aquilo pelo que lutamos e até mesmo com o que conquistamos.

Para que possamos realizar nossos sonhos, é muito importante, antes de tudo, nós nos dedicarmos a conhecer a nós mesmos, profunda e completamente. Por essa razão é que não vamos falar neste livro sobre alcançar uma forma física perfeita, ou conquistar objetivos pontuais e específicos, mas sim sobre elevar nossa autoestima a partir do nosso próprio reflexo espiritual - e não em termos de popularidade, números na balança, números de manequim ou valores na conta bancária.

Em seguida, vamos trabalhar no sentido de encontrar e clarear a nossa relação com Deus. Peço-lhe, porém, que não confunda esta obra com um livro religioso, pois este não é o objetivo. Sendo assim, vou procurar mencionar os ensinamentos bíblicos de uma forma bastante informal e leve, inserida nessa nossa conversa casual e amiga, sem o rigor normalmente usado em outros textos. Mas, sem dúvida alguma, as pessoas que estudam a Palavra de Deus não terão dificuldades em identificar a que passagens bíblicas estarei me referindo.

A ideia que sustenta este livro é a de auxiliar você no processo de busca e realização pessoal, de construção do sucesso pleno como objetivo de vida, afastando-o cada vez mais do "mundo viciante e desorientador" e aproximando-o das coisas que verdadeiramente trazem alegria, crescimento e plenitude pessoal.

É preciso ter claro em nossa mente que somos nós quem damos a direção para os nossos sonhos e objetivos. E que a parte mais difícil da nossa jornada não é convencer o mundo de que nossos sonhos fazem sentido, e sim, convencermos a nós mesmos de que nossos projetos e planos são importantes, a ponto de querermos colocá-los em prática, e de que daremos conta do recado. Além de ter firme em nosso pensamento que não precisamos buscar validação em outras pessoas para um sonho que é só nosso.

PARTE 1

Não importa o caminho,
quando sabemos quem anda ao nosso lado.

Não importam as tempestades,
quando sabemos quem está em nosso barco.

Não importam os desertos, quando sabemos
o que nos espera no final da travessia.

Não importam as tribulações, quando sabemos
de onde vem nosso socorro.

Não importa em quantos pedaços possam
nos quebrar, quando sabemos quem nos cura.

Quem tem Deus não tem medo, não tem
dúvida e, acima de tudo, não tem tempo
para nada que não seja o bem.

VIVENDO ATRAVÉS DE FALSOS MODELOS

Vivemos numa era onde as pessoas estão acorrentadas a falsos modelos e imposições da mídia e acabam enfrentando frustrações diárias por não conseguirem atender às solicitações do mundo e, muito menos ainda, aos anseios dos seus corações.

A prisão social em que nos encontramos decorre do confinamento mental causado por essas imposições, que nos levam a comparar a nossa vida à de outras pessoas, negligenciando o fato de que somos todos seres diferentes, com genética e realidades distintas.

Estamos vivendo cada vez menos pelo que somos e por nós mesmos, e cada vez mais para impressionar o próximo e nos encaixarmos em determinados padrões. Tiramos o nosso referencial de dentro de nós mesmos e o colocamos nos outros. Vestimos roupas para agradar o próximo, construímos sonhos com base no que os outros vão achar daquilo, trabalhamos em empregos que não gostamos, escolhemos rotas baseados nas escolhas alheias, e assim por diante.

Estamos muito ocupados com coisas vazias e superficiais, e acaba não sobrando tempo para nos dedicarmos a assuntos mais profundos, a valores verdadeiros e ao que nos levaria à realização em nossa vida.

A vida escapa por entre os nossos dedos e, com o passar dos anos, vamos percebendo que não vivemos o nosso

A maior muralha entre você e os seus sonhos é feita das opiniões alheias a que você dá ouvidos, e que o desencorajam.

tempo, e sim, que nos deixamos levar pela maré do que nos diziam que deveria ser: "você deve fazer isso, não deve fazer aquilo", "isso é o melhor para você", "todo mundo faz assim, por que você quer ser diferente?", "o que vão pensar a seu respeito, se você for por esse caminho?"

Será que você, alguma vez, já se sentiu agindo de determinada maneira somente para tentar se encaixar em determinados "padrões aceitáveis" por algum grupo? Com certeza, você já cedeu às cobranças das pessoas à sua volta, ou de seu convívio, ou da sociedade, naqueles momentos em que sua autoestima se encontrava baixa.

Vivemos confinados nesse mundo caótico pela falta da busca espiritual e daquilo que verdadeiramente mata a sede do nosso espírito. Estamos vivendo numa era onde há tanta informação e cobranças que nos sentimos sufocados. Mal conseguimos respirar num ambiente que se assemelha a uma prisão interna. Estamos cheios de vazio e nos afogando no raso.

Dentro do que observei e aprendi, acredito que 99% das coisas grandiosas que realizamos em nossa vida são basicamente um reflexo de não seguirmos a multidão e não termos medo de pensar diferente.

Falta-nos hoje compreender que não precisamos nos encaixar nos padrões da sociedade, pois eles não são a nossa realidade. O fato de toda a multidão trilhar por um determinado caminho não quer dizer que esse seja o caminho certo. Antes de "seguir a tropa", lembre-se: geralmente são aqueles que foram corajosos o suficiente para agir por si mesmos que fizeram as coisas mais memoráveis neste mundo.

É necessário que façamos sempre a nossa parte com maestria, sem nos eximirmos da nossa responsabilidade e sem nos deixarmos levar pelo que a maioria acredita ser o correto. Porque o mundo, muitas vezes, pode até ser culpado pelos nossos tropeços, mas a responsabilidade por nos levantarmos será sempre nossa.

É dentro desse propósito que quero convidar você para uma viagem de resgate da sua identidade, perdida dentro desse mundo tumultuado, tomado por preconceitos, padrões rígidos e controladores, excessos diversos e divergências de opiniões. E, mais do que isso, convido-o a imergir na sua espiritualidade.

Este livro é uma proposta de busca daquilo que somos de verdade, por meio da compreensão dos fatores que nos levaram, e ainda levam, por nossos caminhos.

Para alinhar a jornada com a nossa missão neste mundo e alcançar uma vida mais plena e saudável, precisamos buscar o que realmente é importante em nossa vida. Uma vida com equilíbrio implica em buscar a harmonia de nosso corpo, mente e espírito.

É preciso compreender que ser saudável é muito mais do que simplesmente frequentar a academia ou comer bons alimentos. Ser saudável significa lutar contra hábitos e pensamentos que fazem mal tanto para o corpo quanto para a mente e para o coração. Da mesma maneira que o alimento nutre o corpo, os pensamentos nutrem nossa mente. Da mesma maneira que a atividade física nos proporciona bem-estar e um corpo mais saudável, a conexão espiritual nos transforma em atletas mais completos, que estão sempre correndo para o alvo certo.

O caminho, então, passa por conhecer a si mesmo e se transformar, de dentro para fora, de modo a conquistar a paz interior (mesmo em meio ao caos). Buscar o equilíbrio - mental, físico e espiritual - vai levar você a alcançar uma vida mais saudável e grande estabilidade emocional.

PROVAÇÃO NÃO É CASTIGO

É claro que viver a sua real natureza, a sua missão, a sua forma única e especial de ser, vai exigir que supere obstáculos. Mas é assim que tem de ser, se você quiser tirar o máximo e o melhor desta sua existência no mundo. Assim como a canção só pode ser apreciada quando as notas estão em harmonia, nós só conseguimos viver o melhor que a vida tem para nós quando organizamos as nossas notas interiores, de modo que elas se transformem numa bela canção.

Assim como a fogueira necessita de carvão, cada obstáculo que enfrentamos pode ser transformado num poderoso combustível para as nossas metas. Assim como o ouro e a prata precisam do fogo para serem refinados, nós também necessitamos ser submetidos às "altas temperaturas" de situações extremas para que possamos conhecer nossa capacidade de superação e nos tornarmos mais fortes e mais valiosos.

Sempre usei as minhas provações como combustível para fazer com que minha vida desse certo, para que eu fosse alguém na vida, dentro daquilo que planejei para mim mesma. Muitas batalhas eu perdi, mas aprendi com elas. Nunca me deixei definir pelas derrotas, mas, sim, pelas lutas que venci. E tudo isso me deu forças para continuar lutando e superar todo o aperto que passei nos Estados Unidos, e que não durou pouco tempo.

Quando cheguei lá, eu não tinha dinheiro para nada. Minha casa era toda decorada com artigos que encontrava no lixo. Nos finais de semana, eu catava o lixo dos condomínios. Eu costumava dizer que eram os condomínios dos "ricos", porque nos Estados Unidos eles descartam muitas coisas boas, como cadeiras, mesas, televisores e outras coisas mais. E, por mais de um ano, minha casa foi toda mobiliada com essas coisas que eu catava no lixo. Lembro-me da vez em que encontrei um sofá em um condomínio que ficava um pouco distante do meu e fiquei sentada nele por horas, debaixo do sol, esperando conseguir uma carona de qualquer pessoa que pudesse me ajudar a transportá-lo para casa. Obviamente, essa pessoa não apareceu e eu fiquei sem o sofá.

Por muito tempo eu não tive dinheiro nem para comprar uma cama. Dormia no chão, só com edredom e travesseiro. Depois comprei um colchão usado e lembro que havia muitos bichos nele: um bicho muito comum nos Estados Unidos e que no Brasil é chamado de percevejo. E esses bichos me picavam à noite, mas eu não tinha outra opção e nunca reclamei. Eu tive que conviver com isso porque era o que meu dinheiro dava para comprar, mas eu sentia muita falta de dormir em uma cama de verdade.

Por um bom tempo, eu comia somente pizza, que eu comprava em um posto de gasolina, porque era bem baratinha e dava para o almoço e o jantar. Em certa época, durante um mês inteiro eu tive de comer apenas macarrão instantâneo, aquele que já vem no copo, já que custava cerca de 30 centavos de dólar.

Passei um ano sem TV porque, de todas as que eu achei no lixo, nenhuma funcionou. Lembro também que achei um aspirador de pó no lixo e que quando o liguei pela primeira vez ele, em vez de aspirar, soprou toda a poeira que tinha dentro dele. Minha casa ficou cheia da sujeira que tinha vindo da casa de outra pessoa.

Foram muitas coisas que eu encontrei no lixo e levei para casa. Então, nada combinava com nada. Mas aquele era o meu espaço e eu estava muito feliz com o que tinha. Mesmo que pouco. Mesmo que do lixo.

Tenho muito orgulho da minha história e por isso costumo contá-la nas minhas palestras, dividir com o público essa parte da minha vida. Porque me vejo como uma pessoa corajosa e persistente, por ter passado por tudo isso e não ter desistido. Continuei em frente, firme no meu propósito, e nunca me vitimizei. Nunca deixei que o sofrimento, as dificuldades e as provações me definissem como alguém que entregou os pontos, que se deixou derrotar. E com isso aprendi muito e me fortaleci para realizar as coisas com que sempre sonhei.

O ponto mais importante a compreender aqui é que somos colocados à prova não por castigo ou reparação de erros, mas para que conheçamos nossa própria capacidade de superar e, mais do que isso, de nos transformarmos, obstáculo após obstáculo.

Só conseguimos conhecer o tamanho da nossa fé e da nossa força quando vivemos as adversidades. A Palavra de Deus diz, lá em Gênesis, que o Senhor colocou Abraão à prova ordenando-lhe que sacrificasse Isaac. Demonstrando sua grande fidelidade ao Senhor, Abraão se prontificou a entregar seu filho amado em sacrifício. Mas Deus não queria que o filho de Abraão morresse e o poupou.

Essa passagem coloca em perspectiva uma importante lição: Deus já conhecia o coração de Abraão, mas quis que ele passasse por aquela situação para que conhecesse a si mesmo e soubesse o tamanho de sua fé.

Deus não nos lança desafios nem nos apresenta obstáculos para dificultar a nossa jornada, mas, sim, para que percebamos o quanto somos fortes em nossa fé e determinação.

Muito embora nossa vida, muitas vezes, não seja meramente obra das nossas escolhas, ela é o resultado de como lidamos com as circunstâncias e de como decidimos viver.

Somos responsáveis por quase tudo que criamos e, exatamente por essa razão, Deus permite que passemos por determinadas provações para que conquistemos cada vez mais, por nós mesmos, a certeza de que tudo faremos amparados em um poder maior, que nos guia e ampara a cada momento.

A vida é aquilo que criamos. Não controlamos os obstáculos, mas controlamos nossa percepção com relação a eles. Não controlamos as nossas quedas, mas controlamos como iremos reagir a elas. Não podemos evitar a dor, mas podemos optar pela superação e evitar viver no sofrimento. Tudo depende de como conduzimos nossos pensamentos e as ações que empreendemos.

Existem diversas facilidades no mundo de hoje, mas que também podem trabalhar contra os nossos desejos. Podemos estar conectados com tudo e todos, 24 horas por dia, se assim o desejarmos. Tudo é acessível e pode nos influenciar - para o bem ou para o mal, dependendo de como usamos os recursos e informações de que dispomos.

O excesso e a facilidade para acessar informações, a simplicidade e naturalidade com que trocamos mensagens, partilhamos ideias e expressamos nossas impressões para milhares de pessoas, com um simples toque de dedos nos dão um poder que nunca esteve disponível. Um poder que pode construir ou destruir.

Como diz um antigo ditado: "o que dá para rir, dá para chorar". E nessa realidade, o indivíduo perde a sua identidade e passa a ter cada vez menos importância, diante da voracidade da necessidade de pertencer a toda e qualquer comunidade.

Muitas vezes agimos com o ego inflado, demonstrando claramente o quanto estamos com "sede espiritual", o quanto estamos carentes de colocar nossos referenciais na espiritualidade. Mas continuamos mantendo essa postura egocêntrica porque no dia a dia tudo nos puxa para as coisas

Há duas coisas em que não podemos basear nossa vida: primeiro, na vida do próximo; segundo, nas coisas que são incompatíveis com a nossa existência.

materiais. Falhamos em construir filtros com os quais as críticas não atingiriam o nosso coração e os elogios não deturpariam a nossa mente.

Por falta de uma ancoragem espiritual, a falta de dinheiro tem o poder de nos levar à angústia e essa é uma condição cada vez mais presente nos dias de hoje. Não percebemos que somos nós que nos submetemos a esse poder, porque colocamos também nos outros, e no que a sociedade prega, nossos referenciais de consumo e de necessidades nem sempre reais.

Vivemos uma eterna confusão de desejos, pensamentos e impotência, gerando falta de motivação para buscar soluções que efetivamente poderiam acabar com nosso vazio existencial. Esses são problemas típicos do mundo moderno, que frequentemente levam à depressão, ao desequilíbrio, à insatisfação e ao sentimento de que sempre nos falta algo.

Caímos também em frustração quando nos comparamos com os outros, desejando que a nossa vida seja "tão boa quanto a deles". Querer viver a vida do outro é irrealista. Cada um de nós é uma pessoa diferente, com rotinas diferentes, agendas diferentes, necessidades diferentes e acessos diferentes a diferentes coisas.

Querer o que o outro tem pode ser profundamente decepcionante. Afinal, a vida de ninguém é um mar de rosas e todos enfrentamos batalhas. A maioria de nós tende a mostrar apenas a parte boa da sua vida. Logo, o que vemos da vida do outro pode estar muito longe de ser toda aquela maravilha que pensamos ver.

É como aquele cartão postal da Índia, que mostra apenas a beleza estonteante do Taj Mahal, escondendo o fato de que em volta daquele monumento existe muita sujeira, muita coisa feia e malcuidada. Assim somos nós: mostramos ao próximo apenas as coisas boas, escondendo as "sujeiras" que temos ao nosso redor.

Querer ser como o outro é um erro e, frequentemente, se mostra ainda mais deprimente. Quando nosso referencial está focado na vida do outro, somos levados à frustração e à angústia geradas pelo pensamento errôneo de que nossa vida é menos importante, se comparada à do outro.

Criar objetivos não realistas é como construir casas de vento. Isso não quer dizer que não possamos alcançar o "impossível", mas desejar o impossível antes de ter o possível realizado é irreal.

Um objetivo, por mais distante que pareça, é passível de ser alcançado se primeiro ajustarmos determinados elementos em nossa vida e dentro de nós mesmos para que o "impossível" se torne possível. Para isso, precisamos encontrar nossa própria identidade, nossas próprias razões para viver, de modo que fique claro o nosso senso de missão, a direção a seguir. E assim a certeza do merecimento aflora e passamos a viver de maneira mais plena, mais completa e cheia de sentido.

Lembre-se: provação não é castigo quando você encontra dentro de si mesmo as razões para continuar na sua jornada rumo aos sonhos que quer realizar. Seja firme e diga ao mundo: sou a única versão de mim mesmo e isso é o que realmente importa.

ANSIEDADE: O GRANDE MAL DOS NOSSOS DIAS

É bastante simples constatar que, hoje em dia, as pessoas estão muito ansiosas. Muito embora ansiar signifique apenas querer algo com muita força, desejar intensamente, o que aparentemente seria algo positivo, é comum que se leve o ato de ansiar a um patamar tão alto que ele acabe por causar angústia, ao ponto de haver inclusive manifestações de mal-estar físico e psíquico. O desejo veemente e impaciente leva, muitas vezes, à aflição, à agonia e à preocupação excessiva, acompanhadas de tensão, medo e outros sentimentos ruins, sempre em excesso.

Não é por acaso que a ansiedade é considerada por muitos como "o mal do século". O jornal *The Wall Street*, por exemplo, relatou que em 2014 os norte-americanos alcançaram níveis recordes de ansiedade.

O fato de vivermos em um mundo instável e, de certa forma, incerto, traz-nos o incômodo sentimento de ansiedade. Sofremos constantemente desse mal, pois temos a mania de querer adiantar o amanhã a ponto de nos tornamos exageradamente preocupados sobre o que o futuro nos reserva.

Nos tornamos ansiosos a respeito de tudo aquilo sobre o quê não temos controle. O hábito de querer "prever o futuro" - e nos frustrarmos nessas tentativas - torna os nossos pensamentos nebulosos e faz com que nossas decisões muitas vezes sejam tomadas de cabeça quente, prejudicando os nossos resultados. O excesso de preocupações nos impede de agir com clareza.

Os caminhos que levam à ansiedade são criados a partir de ocorrências que disparam crenças fatalistas gravadas em nossa mente, que constantemente estão focadas em problemas e raramente em soluções. E mesmo quando um problema não existe, temos a incrível habilidade de criá-lo - como se não pudéssemos viver sem algo para nos atormentar.

A ansiedade está normalmente atrelada ao medo e à insegurança com relação a coisas, oportunidades ou pessoas. Muitas vezes nos tornamos ansiosos também com relação à nossa saúde e tudo aquilo que não podemos controlar de forma absoluta.

O que estamos tratando aqui é a respeito de uma ansiedade em níveis exagerados e gerados por nossa falha em acalmar a nossa mente por meio da fé e da oração. A realidade é que a ansiedade, em seus níveis mais avançados, pode tornar-se patológica e nos afastar completamente da nossa sanidade. E o pior é que muitas vezes somos nós mesmos que criamos os nossos problemas e, depois, tentamos resolvê-los da pior forma possível.

A cada dia mais me torno testemunha do quanto as pessoas estão vivendo aprisionadas em dois cárceres ao mesmo tempo: um dentro delas mesmas e, como já sinalizamos, outro nos conceitos estipulados pela sociedade, os quais têm se tornado ainda mais massacrantes nesta era digital.

A prisão interna consiste em não conhecer a sua própria essência. O que nos traz a ideia de que a ausência de autoconhecimento leva ao aprisionamento do espírito. Me atrevo a dizer, usando a minha experiência pessoal como testemunho, que não conhecer a maior verdade que nos liberta também é um grande causador de aprisionamento do espírito. E qual verdade seria essa? Aquela à qual a Palavra de Deus se refere em João 8:32: "e conhecereis a verdade, e a verdade vos libertará".

A prisão social consiste no fato de tornarmos a nossa relevância intimamente dependente da aprovação alheia - como, por exemplo, na necessidade de ter grandes quantidade de "curtidas" ou "seguidores" nas redes sociais. Isso é motivo de grande preocupação, principalmente para aqueles que têm filhos pequenos, como eu e talvez como você. Será que os nossos filhos irão crescer numa sociedade que avalia seu valor existencial com base unicamente em sua popularidade? Não me entenda mal: não há absolutamente nada de errado em ter seguidores e curtidas. O problema é limitar o seu valor a isso. Afinal, há pessoas que optam por não participar de redes sociais, ou não se empenham em buscar engajamento digital, simplesmente por não ser esse o seu foco.

Outra grande catástrofe nos dias atuais é a inversão de valores, que vem ocorrendo cada vez com mais intensidade e frequência. Valores que antes eram sedimentados em ensinamentos legítimos e profundos, hoje perdem força ou têm seu sentido alterado, de modo que o comportamento do ser humano se torna cada vez mais frágil e insustentável, levando à angústia e à insatisfação. Como exemplo, é muito fácil encontrar pessoas que usam a soberba e o orgulho como troféus por suas conquistas - nem sempre lícitas ou memoráveis.

A angústia e a depressão estão também ligadas ao fato de as pessoas, diante de tantas solicitações do mundo moderno, perderem sua identidade e seu senso de merecimento. Focam no outro e desejam o que o outro tem, porque simplesmente não reconhecem a si mesmas e não se sentem merecedoras de suas próprias conquistas. Colocam suas prioridades nas coisas erradas, confundem os seus sonhos com aquilo que os outros conquistaram, sentem-se as piores pessoas da face da terra, porque não têm tudo o que os outros têm. Fazem-se de vítimas, boicotam seus próprios

“A ansiedade é o resultado natural de centralizarmos as nossas esperanças em qualquer coisa menor que Deus e Sua vontade para nós”.

BILLY GRAHAM

planos e baixam sua autoestima, de modo que se sentem impotentes diante da vida.

Com tantos convites do mundo moderno para ir em busca das coisas materiais, o ser humano vem, cada vez mais, se esquecendo da importância da espiritualidade para ter uma vida mais saudável e equilibrada. Precisamos olhar mais para dentro de nós mesmos para encontrar a força necessária para irmos ao mundo sem nos deixarmos levar por ele.

Existem fatores que nos tiram a harmonia interior e comprometem nossa saúde física, mental e espiritual. Entre esses fatores estão, em especial, nossas crenças, que geram posturas e comportamentos que não nos são benéficos e que devem ser evitados. Vamos ver alguns deles a seguir, para que você possa ficar alerta e se proteger melhor.

O ABANDONO DA ESPIRITUALIDADE

Tenho certeza de que você conhece algumas pessoas que são materialmente ricas, porém não esboçam alegrias. Isso é muito comum e acontece porque coisas materiais não trazem segurança espiritual e tampouco paz de espírito - e não dá para ser feliz dessa maneira. Por mais que alguém tenha muitos bens materiais, por maiores e mais abundantes que sejam suas posses, elas não preenchem plenamente suas necessidades de realização. Os bens acabam porque são perecíveis. O espírito não.

Infelizmente, de uma forma geral, estamos sendo tomados por um senso de futilidade, associado a uma falsa sensação de segurança que depositamos em nossos bens materiais, em oportunidades mirabolantes e em relacionamentos mal embasados e mal construídos. Fantasiamos sobre o futuro, enquanto continuamos naufragados no passado, sem nem mesmo perceber a riqueza de viver o presente. E precisamos nos libertar dessas correntes.

A ansiedade existe porque falhamos em compreender que somos espírito e corpo. E que o espírito não pode ser submetido ao corpo, uma vez que suas necessidades são muito maiores e mais sagradas do que as necessidades materiais. Insistimos em colocar nossas prioridades carnais acima das espirituais, o que continuamente alimenta nossa ansiedade.

Existe uma lição valiosa a aprender disso tudo: apesar do dinheiro ocasionalmente parecer faltar, as pessoas nos abandonarem em determinados momentos, as oportunidades por vezes escorrerem por entre nossos dedos, ainda temos a capacidade de tomar as rédeas da nossa vida por meio da fé, que nos traz a certeza de que Deus jamais nos abandonará e que Seus cuidados e Suas bênçãos jamais nos faltarão. É exatamente aí que mora o segredo: não somos autossuficientes e precisamos de Deus, precisamos de Sua ajuda! E essa ajuda jamais falha, porque, conforme nos ensinam as escrituras, Ele nos garante: "venham a mim os que estão cansados e oprimidos e eu vos aliviarei".

A fé é a nossa maior aliada para vencermos sentimentos que nos paralisam ou nos tornam escravos de nós mesmos. É o nosso maior poder também contra a ansiedade.

É importante compreender que nossas riquezas espirituais jamais se esgotam, quando as cultivamos, mas também que o cultivo precisa ser diário. Nossas pequenas e frequentes atitudes de fé se tornam hábitos e os nossos hábitos ditarão a forma como viveremos.

Todos nós sabemos que neste mundo teremos aflições e que só poderemos resolvê-las com otimismo, perseverança e bom ânimo. E tudo isso só é possível com Deus, quando cremos em Sua providência, em Sua capacidade de nos livrar nos problemas - sim, porque todos teremos problemas, independente de crermos em Deus ou não, mas os que creem são livrados nos problemas. Deus pode nos curar, transformar as nossas vidas e nos libertar dos nossos próprios fantasmas, que criamos através dos nossos conflitos e confusões.

Agora que já sabemos que a ansiedade cria diversas batalhas dentro de nós mesmos e que dessa maneira nos transformamos em campos de guerra ambulantes, está na hora de cessarmos essa batalha interna que vivemos, adotando uma atitude mais positiva com relação ao futuro. Por maior e mais assustador que um problema pareça ser, nada é tão grande que não possa ser resolvido quando entregamos sua solução a Deus.

Tudo depende da nossa fé. É preciso ter em nosso coração a certeza de que Deus jamais nos abandonará. A grande questão é: qual é o tamanho da sua fé e da sua capacidade de crer nisso, sem ressalvas?

Um pensamento para você levar consigo todos os dias: "não diga a Deus o tamanho dos seus problemas. Diga aos seus problemas o tamanho do seu Deus".

Não reclame da falta de oportunidades. A maioria delas não existe mesmo. Elas são criadas. Não importa se através do nosso inconsciente ou se pelo consciente, somos nós quem construímos a maioria das oportunidades, assim como todas as outras coisas que vivemos, pois tudo faz parte das nossas escolhas e atitudes - ou da falta delas.

Imagine quantas coisas deixaram de acontecer na sua vida porque você desistiu de tentar e por não perceber que elas poderiam estar mais perto de alcançar do que imaginava. Ou porque desistiu delas logo no primeiro contratempo, ou na primeira derrota. As coisas geralmente não dão certo na primeira ou na segunda vez. Porém, não podemos deixar de tentar de novo e outra vez mais.

Mas também é preciso considerar que algumas vezes as coisas nem vão dar certo na nossa vida mesmo, simplesmente porque aquilo não estava "programado" para nós. Não é uma questão de estarmos fadados ao fracasso em certas coisas, mas, sim, de que aquilo realmente não é o melhor para nós e, portanto, Deus afasta do nosso caminho. O problema é que não percebemos isso e ficamos insistindo no caminho errado, dando cabeçadas, sofrendo e perdendo tempo e energia.

É importante perceber que mesmo estes labirintos que dão em portas fechadas também são criados por nós mesmos. Mas não precisamos ficar presos a eles. Sempre temos a oportunidade de fazer novas escolhas. Se a porta na qual gostaríamos de ter entrado estiver fechada, basta que criemos outra. O que não podemos é aceitar ficar permanentemente

“Por isso vos digo: não estejais ansiosos quanto à vossa vida, pelo que haveis de comer, ou pelo que haveis de beber; nem, quanto ao vosso corpo, pelo que haveis de vestir. Não é a vida mais do que o alimento, e o corpo mais do que o vestuário?”

MATEUS 6:25

do lado de fora dos nossos sonhos, da nossa missão, do nosso propósito. Porque o lado de fora está cheio de gente que nunca alcançou o sucesso e nem assumiu a responsabilidade por sua vida. Simplesmente transferiu a "culpa" pelo fracasso para os outros e seguiu sem rumo e sem assumir o poder de mudar a própria vida.

É preciso estar sempre esperançoso e alerta para os sinais da vida e perceber as circunstâncias em que oportunidades podem ser criadas.

Deus jamais nos dá para carregar uma carga mais pesada do que nossos ombros podem suportar. Reclamar, além de inadequado e injusto, não é o caminho para resolver nossos problemas.

Não reclame por ter problemas. Não estamos livres do sofrimento. Conhecemos o sofrimento desde muito cedo - desde que somos "arrancados" do ventre das nossas mães para enfrentar as luzes ofuscantes do mundo aqui fora e o frio cortante que ainda não havíamos experimentados dentro do útero. Viver envolve certo sofrimento, porque isso é inerente ao nosso crescimento. Só crescemos e evoluímos quando somos testados além dos limites que já conquistamos.

Entenda que não é possível chegar a lugares novos e desejáveis trilhando o mesmo velho caminho. Não nos é possível criar oportunidades enquanto estivermos sentados em nosso sofá, lamentando.

Enquanto nossos olhos forem mantidos nos nossos objetivos, não haverá obstáculos intransponíveis. Mas se as desculpas forem maiores do que a vontade de alcançar o que buscamos, não haverá progresso.

Também é preciso compreender e aceitar que nossos problemas têm o tamanho da importância que damos a eles. E que em vez de ficar falando sobre eles, devemos nos empenhar em resolvê-los. Quanto mais tempo passamos falando do problema, menos tempo temos para encontrar a solução.

Mesmo que as coisas não saiam da forma como você esperava, confie que o melhor está por vir. Isso não quer dizer que não se deva dar a devida importância às suas dificuldades e simplesmente ignorá-las. Mas é necessário entender que nenhum problema é eterno ou insolúvel e que é você que pode estar, mesmo que inconscientemente, prolongando sua duração. Tudo é passageiro e é somente você quem escolhe onde investe sua energia e atenção.

Mude sua perspectiva e compreenda que sua vida não é resultado do acaso, mas das suas escolhas. É preciso ter bom ânimo e perceber que Aquele que olha por nós venceu o mundo para que nós pudéssemos viver experiências incríveis nesta terra.

Tenha fé. Esse é o exercício mais importante da vida.

FALTA DE TEMPO COMO DESCULPA

Quantas horas tem o seu dia? Uma pessoa que usa a falta de tempo como desculpa por não conseguir alcançar seus objetivos realmente não sabe do que está falando e nem mesmo o mal que está causando a si mesmo.

Reclamar de falta de tempo nada mais é do que entrar em um processo de vitimização e de boicote dos próprios planos e sonhos.

O dia de todos nós possui 24 horas, inclusive é assim também para os maiores gênios da história e para todos os grandes homens de sucesso de que já ouvimos falar. Como esses gênios conseguem, ou conseguiram, fazer tanta coisa, se o dia deles nunca teve nem um só minuto a mais do que o nosso, meros mortais?

A diferença é que aqueles que alcançam sucesso, que deixam no mundo uma contribuição imensa, conseguem estabelecer sua agenda de maneira extremamente eficiente, em que suas prioridades são realmente prioridades.

Em geral, o que muitas pessoas chamam de prioridades são aquelas coisas para as quais elas não têm tempo. Ora, se você não tem tempo para fazer algo, então isso não é sua prioridade.

Não importa o que você diga, o dia continuará tendo 24 horas e é exatamente o que você faz nesse tempo que o torna um perdedor ou um vencedor. O mundo continuará sempre um caos, o trânsito sempre continuará engarrafado, a escola do seu filho não irá mudar de horário para atender às suas necessidades e muito menos o seu chefe o deixará chegar mais tarde para que lhe seja mais cômodo. Então, é como você age que fará toda a diferença.

É você quem terá que refletir e passar a organizar o seu próprio tempo de modo que se aprimore e se torne capaz de alcançar suas metas de maneira mais realista e dentro do que sonha para sua vida.

Costumo usar a estratégia de deixar o relógio de lado, para usar melhor o meu tempo. Calma, eu explico.

Durante toda a minha vida eu me preocupei com a hora. Sempre trabalhei de maneira obsessiva com relação ao relógio e ainda assim parecia que não sobrava tempo para nada. Quanto mais eu checava que horas eram, mais rápido o tempo passava e menos tempo eu tinha.

Lembro-me frequentemente de uma frase que ouvi de um professor: "as pessoas de sucesso nunca olham no relógio, a menos que tenham uma reunião marcada".

Desde então, parei de me preocupar com a hora. Passei a usar o tempo de maneira mais livre, sem me prender a cada hora. A diferença é que o tempo passa e com ele se vão as oportunidades, se não o aproveitarmos. E quando ficamos preocupados com as horas - que horas são, quantas horas estamos trabalhando, se já passou da hora, etc. - o tempo se vai e não o vivemos com intensidade. Quando temos sede de sucesso, a hora não importa, o dia não importa. A noite passa a ser dia e o final de semana tem o mesmo poder de realização de uma segunda-feira de manhã. Então, todo dia é dia, toda hora é hora para trabalharmos nos nossos sonhos.

Medir o seu tempo com as horas restringe o seu progresso. Meça seu tempo com a sua vontade de vencer e seu dia terá mais horas do que nunca. Não permita que o relógio seja seu referencial. A sua referência deve ser a sua vontade de alcançar seus objetivos. O que deve medir o seu progresso é o quão rápido, ou devagar, você quer chegar

Não existe hora certa para quem tem sede de vencer. Existe tempo, mas não hora.

a um determinado lugar que busca e a sede que tem por aquilo que almeja.

Pessoas de sucesso não têm horas de seu dia sobrando, porque otimizam suas atividades e priorizam aquilo que realmente importa. Aprenda a organizar as suas prioridades de acordo com a importância de cada uma delas e nunca ouse chamar algum objetivo de prioridade se você não tem tempo para ele.

Esvazie a sua vida de tudo aquilo que não serve para levá-lo aonde você quer chegar, para que sobre espaço para encher com tudo o que é essencial para o seu crescimento e o seu progresso.

Acima de tudo, é preciso entender que devemos nos aliar ao tempo de maneira produtiva e nos mantermos no presente, realizando e construindo. É importante ter sempre em mente que o ontem não tem mais nada a nos oferecer, a não ser aprendizados, e o amanhã não pode nos trazer nada de concreto, somente as esperanças.

EM BUSCA DE REALIZAÇÃO

A resposta para construir uma vida de realização, paz interior, plenitude e equilíbrio, vem a partir de atitudes que valorizem mais a nós mesmos, procurando desvincular nossos sonhos, desejos e aspirações daquilo que o mundo nos diz que devemos ser, ter ou fazer.

Chega uma hora na vida em que percebemos que há uma grande distância entre a nossa essência e aquilo que dizem a nosso respeito. Descobrimos que nunca fomos aquilo que dizem que somos. Que, na verdade, somos o conjunto dos nossos próprios valores e da nossa educação.

Deixar-se definir pelos outros é limitar a nós mesmos, é distanciar-se daquilo que realmente somos.

Nossa qualidade de vida envolve elementos como espiritualidade, convicção a respeito de quem somos e do caminho que percorremos, objetivos claros e enriquecedores, construção de relacionamentos, entre outros. E tudo isso são coisas particulares, de cada um de nós, e, portanto, devem ser buscadas no nosso próprio ser. Deve ser uma busca interior e não uma imposição que venha de fora.

Considero importante ressaltar que apesar de eu ter uma boa forma física e cuidar da minha aparência física, não significa que esteja impondo que o resto do mundo tenha que ser como eu. Pois cada um tem o direito e o dever de ser como deseja ser. E é claro que recomendo que a saúde e a realização pessoal façam parte de sua lista de prioridades.

A forma como eu escolhi ser não deve influenciar você a acreditar que haja um padrão, mas, sim, ajudá-lo a entender a seguinte mensagem: o sucesso é dinâmico e seus constituintes variáveis, pois o que para mim pode ser um sucesso, para outrem pode ser irrelevante. O importante é apaziguar a mente e escutar ao que pede o seu espírito.

Seja qual for a sua forma de sucesso, a sua definição ou necessidade de qualidade de vida, seja o que for que seja realmente importante em sua vida e que contenha valores que o façam se sentir pleno, sempre será necessário, em sua busca, considerar fatores como:

- Colocar seu foco na busca pelo equilíbrio em sua vida;
- Resgatar a sua identidade autêntica;
- Conhecer suas verdadeiras prioridades;
- Romper as correntes dos falsos padrões;
- Reconhecer suas crenças e redirecioná-las;
- Cuidar sempre da tríade da saúde: corpo, espírito e mente;
- Estabelecer ou reforçar sua conexão com a espiritualidade.

E a conquista da harmonia em sua vida exigirá de você, sem dúvida alguma, atitudes como:

- Abandonar a sua pretensa "zona de conforto";
- Organizar mais adequadamente o seu tempo;
- Compreender que os obstáculos são, na verdade, puras oportunidades.

Vamos também trabalhar algumas ideias transformadoras, para que você possa gerar mais paz, plenitude e realização em sua vida, como:

- A crença de que o nosso merecimento sempre é priorizado em nossa caminhada;
- A determinação de nunca desistir dos nossos planos verdadeiros e realistas;
- O hábito de sempre usar os fracassos como combustível para o sucesso;
- A consciência de que nossos esforços devem sempre estar compatíveis com o tamanho dos nossos objetivos;
- O compromisso de nunca permitir que as nossas desculpas sejam maiores que as nossas metas;
- A certeza que nossos talentos nunca devem ser subestimados.

Muitas vezes me perguntam por que eu tive sucesso na vida. Respondo que foi porque nunca persegui os sonhos de ninguém, mas somente os meus. Nunca investi o meu tempo em nada além das metas que estabeleci para mim mesma.

É PRECISO TER DISCIPLINA BEM DIRECIONADA

O dicionário define disciplina como a obediência às regras. Precisamos desenvolver a capacidade de obedecer a regras, porque esse é o caminho que nos levará até os resultados que buscamos.

O grande segredo por trás da disciplina é que somos nós mesmos que decidimos quais são as regras que valem a pena ser seguidas na nossa vida.

É claro que temos que ter discernimento para fazer nossas escolhas. Afinal, como diz na Bíblia, em 1 Coríntios 10:23, "todas as coisas me são lícitas, mas nem todas as coisas convêm; todas as coisas me são lícitas, mas nem todas as coisas edificam".

Ser disciplinado, em princípio, tem a ver com ser constante no cumprimento de suas responsabilidades. Ou seja, dedicar-se a cumprir determinados compromissos assumidos em função de conquistar seus objetivos.

A disciplina aplicada da maneira certa se torna fundamental para o bom desempenho em nossa vida, seja no âmbito profissional ou na vida pessoal. Quando estabelecemos uma meta específica na nossa vida é preciso ter disciplina para alcançá-la, seguindo regras específicas que nos levem a ela. Por exemplo, para perder peso, mudar hábitos alimentares, passar no vestibular, melhorar de vida, juntar dinheiro, é preciso criar e seguir regras específicas para cada uma dessas coisas - ou estudar e seguir as regras já existentes em cada caso.

Para sermos disciplinados da maneira correta, de modo positivo e construtivo, precisamos ter consciência do caminho a seguir, daquilo que desejamos, do tamanho das nossas metas, do esforço que será necessário para que alcancemos essas metas e para que continuemos obedientes às regras que estabelecemos para essa nossa jornada.

O que poucas vezes pensamos é que a disciplina que se usa para o bem é a mesma que se aplica para o mal. O que as pessoas quase nunca se dão conta é de que a disciplina funciona tanto para um lado quanto para o outro. Então, a disciplina pode nos ajudar, ou nos atrapalhar, dependendo das regras que estabelecemos para a nossa vida.

Veja que a ferramenta "disciplina" é a mesma, mas o uso que fazemos dela é o que conta. É aquela velha história: "uma faca é uma faca, porém, se a usaremos para passar manteiga no pão ou para ferir alguém é sempre uma decisão nossa". Então, tudo depende da maneira como usamos a nossa disciplina.

Algumas pessoas têm disciplina para honrar os compromissos assumidos, em prol de bons objetivos. Outras têm disciplina até mesmo para boicotar a si mesmas e aos seus planos, sempre inventando desculpas e criando meios de escapar dos compromissos. Para ambos os caminhos é necessário ter disciplina.

É preciso ter claro em sua mente que manter-se disciplinadamente no caminho errado vai levar você cada vez mais para longe de suas metas verdadeiras e da sua realização pessoal e profissional.

Muitas vezes criamos determinadas regras inadequadas para a nossa vida, que nos levam a metas ruins. E manter essas regras funcionando também exige muita disciplina, só que focada em um objetivo ruim.

É comum ouvirmos as pessoas dizerem que alguém é indisciplinado, que perdeu completamente a disciplina e por isso se deu mal. Mas muitas vezes não é a falta de disciplina o problema. É apenas o foco, o objetivo, que está equivocado.

Quando vejo pessoas criando desculpas para não fazer algo necessário, por exemplo, penso que elas precisam ter muita disciplina para se desviar de suas obrigações. E depois têm que ser muito disciplinadas, para criar meios de justificar constantemente suas falhas.

A disciplina pode nos levar para ambos os lados - positivo ou negativo. Mas o nosso foco aqui é trabalhar usando a disciplina juntamente com a motivação, voltadas para a direção certa. Esse é o grande segredo para nosso crescimento físico, mental e espiritual.

Algo bastante interessante também sobre a disciplina é que ela depende muito da motivação. Quando temos a disciplina sozinha, ela não funciona. A motivação dá um teor mais genuíno para a disciplina - sem ela, mesmo sendo disciplinados, corremos o risco de virar pessoas condicionadas, como robôs, fazendo apenas determinadas coisas para as quais fomos programados.

É preciso compreender que a motivação precisa ser renovada a cada dia. Como também escreveu Zig Ziglar, banho e motivação são duas coisas que precisam ser renovadas todos os dias.

O padre Fábio de Melo tem também uma frase de que gosto muito e que diz que o alimento que comemos ontem não vai nutrir nosso corpo hoje ou amanhã. E muito menos a água que bebemos ontem vai matar a nossa sede hoje ou amanhã. É importante a gente comer e beber todos os dias.

É fundamental enchermos o nosso tanque de motivação todos os dias. Porque a motivação que tivemos ontem não vai ser suficiente para nos manter motivados hoje e amanhã. Precisamos estar atentos para encher o nosso tanque de motivação diariamente. Assim como também temos de renovar a nossa fé a cada dia.

Quando temos prazer, motivação e foco para seguir e obedecer às regras que nos levam para bons horizontes, a disciplina passa a ter um sentido mais pleno, levando-nos aos nossos objetivos com mais facilidade, sem desvios, sem distrações, sem perder a determinação de persistir até alcançarmos a vitória.

A Bíblia, em vários dos seus livros, em especial em diversas passagens do livro de provérbios, diz que a disciplina é o caminho da sabedoria e que a obediência à disciplina afasta o pecado. Que aquele que não está preparado para ser disciplinado não consegue evoluir. Para mim, essa é a lei da vida.

Quando temos disciplina nas coisas certas e naquilo que convém, nossa chance de falhar é muito menor, porque nos preparamos para que os erros sejam evitados ou minimizados em nossa vida. Considero a disciplina como um dos elementos mais importantes na nossa vida.

Disciplina todos nós temos condição de adquirir. Mas a pergunta-chave é: você está usando a disciplina da maneira certa em sua vida, com os objetivos certos, para os motivos que realmente valem a pena e que deseja realmente alcançar? Pense sobre isso e perceba se ainda são necessários alguns ajustes na maneira como você usa a sua disciplina.

A disciplina é uma ferramenta fundamental para tudo o que fazemos na vida. Existem pessoas que conseguem acionar essa ferramenta de uma forma sutil e equilibrada. No meu caso, sempre uso a disciplina de uma forma extrema.

Lembro-me, por exemplo, da época em que estava fazendo mudanças na minha alimentação e nos cuidados com minha saúde.

Quando eu trabalhava no banco, percebi que estava muito sedentária e me alimentando muito mal, com lanches, refeições rápidas e impensadas, muitas vezes ali mesmo na minha mesa de trabalho, só para ganhar tempo.

Decidi que iria mudar isso e comecei a ler livros de nutrição, fiz adaptações no meu cardápio, inseri coisas saudáveis, parei de comer carne vermelha, moderei o açúcar, deixei de comer fast-food e tomar refrigerantes, comecei a comer somente determinados tipos de proteínas e a me alimentar somente de coisas saudáveis, de uma forma em geral. Tudo de um modo muito radical: ou eu comia de tudo, ou não comia nada. Era 8 ou 80.

O impacto foi grande: no próprio banco eu enfrentei alguns preconceitos das pessoas, que diziam que eu estava louca, porque comia coisas totalmente diferentes do que a maioria estava acostumada.

Tive que enfrentar muitas opiniões divergentes para sustentar o meu novo estilo de vida, sem contar que precisei administrar as diversas reações do meu próprio organismo, devido às mudanças radicais. Tive crises de choro e de dúvidas, em que me perguntava por que eu estava fazendo tudo aquilo.

O que me fez continuar com o meu propósito de me tornar mais saudável foi a disciplina forte que eu impunha a mim mesma. Eu postava fotos minhas nas redes sociais, mostrava para todos o quanto eu havia progredido e isso me tornava ainda mais disciplinada - eu me sentia no compromisso de sempre postar algum progresso. Era como se o meu próprio progresso e ímpeto de animar as pessoas que acompanhavam me motivassem incessantemente.

Depois de alguns meses, comecei a notar também grandes mudanças na questão da minha disposição e do quanto eu estava me sentindo bem, física e mentalmente, e passei a entender melhor o porquê de estar fazendo tudo aquilo. Tudo passou a fazer mais sentido para mim.

Com o meu progresso se tornando evidente e com os olhos na jornada que eu tinha adiante, acionei ainda mais a minha disciplina para continuar buscando o meu sonho de ser saudável, de poder render mais no meu trabalho por ter

“Pois o mandamento é lâmpada, a instrução é luz e as advertências da disciplina são o caminho que conduz à vida”.

PROVÉRBIOS 6:23

mais disposição e energia, e ter um corpo que eu olhasse no espelho e amasse de verdade. E passei a alcançar todas as minhas metas nesse aspecto.

Até então, eu não tinha entrado na questão de trabalhar a parte espiritual da minha vida. Faltava uma vertente a ser cuidada, para que eu pudesse viver em equilíbrio, em harmonia comigo mesma. Era necessário fazer esse avanço também nas outras áreas de minha vida.

Foi a mesma disciplina que usei para conseguir vencer nos Estados Unidos e não me entregar nas batalhas, para conseguir mudar a minha alimentação e cuidar do meu corpo, para crescer nos empregos e abrir meu próprio negócio, que eu apliquei - e ainda aplico diariamente - para desenvolver, fortalecer e renovar a minha fé.

Sim, para ter fé você precisa ter disciplina. A própria Bíblia diz que a fé não é um dom nosso. É um dom que vem de Deus. Então, para conseguir alcançar esse dom temos que ter disciplina. Não adianta sentar no sofá e dizer "Deus, me dê fé!". Não é assim que funciona. Você tem que ter disciplina para fazer a sua parte e conquistar essa fé, pois essa busca é responsabilidade só sua. Nas próximas páginas iremos explorar um pouco mais sobre a fé e como conquistá-la.

O quero deixar bem claro aqui é que a disciplina é fundamental para tudo o que você quiser fazer na sua vida.

Existe ainda outro aspecto da palavra disciplina que quero explorar aqui com você. Diz respeito ao verbo "disciplinar", como sinônimo de doutrinar com método e amor, de educar e ensinar, direcionando para o crescimento, para a evolução do ser humano. Disciplinar como sinônimo de cultivar o que há de melhor dentro do outro.

Na Bíblia, Deus fala bastante sobre essa questão da importância de sermos disciplinados. Em Isaías 1:19-20, exemplifica bem sobre essa questão de que obedecer a Deus afasta o pecado, considerando que desobedecê-lo causa o pecado.

Em 1 Samuel 15:22 também diz que a obediência é melhor do que qualquer outro sacrifício.

Necessitamos ser disciplinados, desde a infância até a velhice, durante toda a nossa vida, principalmente com a disciplina aplicada por Deus.

O ser humano geralmente não gosta de ser confrontado, de ser colocado à prova. Em geral, nossa tendência é bater de frente com a pessoa que nos confronta e achar que sempre temos razão. Disciplinar exige amor e paciência de quem a pratica e necessita de humildade de quem recebe a disciplina.

As situações que vivemos no nosso cotidiano muitas vezes são duras e não compreendemos o porquê de as estarmos vivendo. Porém, na maioria das vezes é assim que estamos sendo treinados para sermos mais obedientes às regras e aos preceitos básicos e importantes da nossa vida.

É possível perceber claramente isso também ao observar pais que disciplinam seus filhos, muitas vezes usando até castigos, ou uma conversa mais ríspida, chamando a atenção da criança, para que ela entenda qual é o caminho certo a seguir. A finalidade dessa ação não é de punir a criança simplesmente por punir, mas sim de disciplinar o filho para que ele cresça e aprenda a melhor direção a seguir.

Quando a criança inicia a vida escolar, encontra lá outra parte importante do processo disciplinar, com horários ajustados e normas escolares e professores e inspetores de alunos que cuidam de observar e orientar sua conduta, ajudar a entender e cumprir as regras necessárias para o convívio em sociedade.

Convivemos com a disciplina desde muito cedo. Esse é um termo que tem também um significado espiritual muito grande, bem além do que costumamos pensar no mundo terreno. A disciplina ajuda o ser humano a se afastar do erro, que é parte integrante de sua natureza.

APOIE O SEU TRABALHO NA FÉ

Vamos trabalhar, sim, apoiados na fé. Porque quanto mais fé depositamos num determinado plano que temos, mais chances ele terá de dar certo. A Palavra de Deus diz, em Provérbios 16:3: "consagre ao Senhor tudo o que você faz, e os seus planos serão bem-sucedidos". E o que é a fé? É a certeza da existência daquilo que não podemos ver, das coisas que não aconteceram ainda. É enxergar aquilo que ainda não alcançamos como se já fosse nosso. Fé é a esperança viva e uma chama acesa nos guiando por nossos caminhos.

Acredito muito que a fé pode ser traduzida para uma linguagem simples e cotidiana, para inspirar também a quem não tem muita proximidade com ela. Veja por exemplo, a definição que demos no parágrafo anterior. Isso também pode ser visto como otimismo.

Uma vida com otimismo faz bem para o corpo, para a mente e para o espírito, isto é, faz bem para a nossa saúde como um todo - algo que é cientificamente comprovado. A pessoa otimista e positiva tende a ser mais saudável.

Um estudo conduzido pelo Centro Médico da Universidade de Duke, nos EUA, constatou que emoções positivas podem tornar alguém mais saudável. A pesquisa monitorou um grupo de 2.618 pessoas e concluiu que os voluntários com expectativas positivas possuíam 24% a menos de chance de morrer por complicações cardíacas.

A fórmula é simples: pensar positivamente torna a vida melhor, mais leve, mais prazerosa. E facilita que se tenha uma visão mais apropriada à solução de problemas e desafios que encontra no dia a dia. Como disse o palestrante e escritor norte-americano Zig Ziglar, pensar positivo não faz com que você possa fazer tudo, mas faz com você faça cada coisa muito melhor do que se estivesse com o pensamento negativo.

E se você tem se questionado "por que nada parece dar certo na minha vida?", talvez esteja na hora de começar a praticar a gratidão. Pare de focar nos problemas. Quanto mais você alimenta a negatividade, mais poderosa ela se torna. Alimente o que vale ser alimentado, ou seja, as coisas positivas da vida. Toda vez que se sentir sabotado pela vida, lembre-se de contar as suas bênçãos, de relembrar cada e toda situação que o fez sorrir e de deixar as coisas boas superarem as ruins. Uma vez que você permitir que esta prática se torne parte de seu cotidiano, irá vivenciar melhorias incontáveis.

Para cada circunstância na sua vida existe uma resposta, mas só você é capaz de criar o resultado. E a sua melhor criação sempre virá quando se habituar a colocar suas bênçãos acima dos problemas, a gratidão acima da ingratidão, sua mente decidida acima dos obstáculos. Imagine que a sua vida seja um livro e que você seja o autor. Tenha a certeza de que a está escrevendo com palavras de agradecimento, esperança e fé.

Quanto mais positivos forem os seus pensamentos, mais positivas e construtivas serão as suas emoções, o que implicará em ações mais decididas e assertivas e muito melhores serão os seus resultados. É preciso aprender a pensar de modo positivo e esperançoso, com a maior frequência que lhe for possível.

Agora, se o simples fato de pensar e agir de maneira positiva já torna melhores nossos resultados, imagine o que poderá ser possível fazer se lançarmos mão de algo muito mais poderoso e benéfico do que o pensamento positivo. Os resultados serão ainda melhores.

Mas o que seria esse algo tão mais poderoso e tão mais benéfico do que o pensamento positivo? É simples: a nossa fé - isto é, se você preferir, pode entender a palavra "fé" como sendo um otimismo elevado ao mais alto nível e firmado Naquele que jamais nos frustrará.

E quando falo em fé, preciso falar um pouco de mim mesma: declaro aqui, clara e abertamente, que quero ajudar você a conhecer a Deus e saber que, acima de tudo, esta vida é passageira e que não devemos desperdiçar o pouco tempo que temos com coisas supérfluas, que não nos trazem amadurecimento e não nos acrescentam muita coisa.

É com prazer, convicção e fé que estou trazendo para você, neste livro, alguns conceitos bíblicos para ilustrar a nossa conversa e iluminar nossos caminhos. Porque esse é o meu modo de ser, funciona para mim, traz-me plenitude e conforto, e quero dar-lhe o meu melhor, na esperança de que funcione também para você.

Para estimulá-lo a ter mais esperança e, quem sabe, reforçar a sua fé, digo que eu jamais omitiria o fato de que só sou quem sou porque conheci um Deus vivo e maravilhoso que não apenas me mostrou o caminho, mas me mostrou quem eu sou de verdade. Ele nunca me chamou pelos meus erros, mas sempre pelo meu nome. Ele nunca me classificou pelas minhas fraquezas, mas sempre pela minha capacidade de superação. Mas esta é a minha experiência e minha visão de vida e você, com certeza, tem a sua própria - então, sinta-se à vontade para usar meus exemplos de fé apenas como algo motivador, para estimular o seu próprio modo positivo de viver e a sua busca por crescimento e transformação em sua vida.

Percorri um longo caminho até aqui. Passei por muitas experiências, boas e ruins (e ainda hei de viver muitas mais), mas de tudo que já "experimentei" até hoje, digo com propriedade: não existe saúde física, mental e espiritual sem que haja equilíbrio. E o maior alicerce desse equilíbrio em minha vida se chama Deus.

O MAIS BELO DOS ENCONTROS

Em agosto de 2015 fui apresentada a Jesus. Há uma música de Adhemar de Campos, baseada na Bíblia, que diz "hoje conheço Jesus não de ouvir falar, mas de com Ele andar". E eu, até então, só o conhecia de ouvir falar. Nunca tinha me aprofundado em nenhum conhecimento a respeito da vida Dele, de sua extrema relevância em nossa existência e, acima de tudo, sobre Sua graça.

O meu encontro com Ele foi fruto de algo muito impactante que aconteceu comigo em 2014. Uma amiga estava com um tipo de câncer muito agressivo e raro e tinha pouquíssimo tempo de vida segundo os médicos.

Eu ainda não tinha intimidade e profundidade em Deus naquela época, mas sempre acreditei Nele. Assim, sei que Deus, com toda Sua misericórdia, usou-me naquele dia como instrumento para entregar à minha amiga, que estava sofrendo muito, uma revelação.

Eu estava nos Estados Unidos e ela no Brasil e, quando soube do câncer, comecei a orar por ela de uma forma que eu nunca tinha orado antes, nem mesmo em prol de algum problema pessoal meu. Orei com muita fé, muita força. Estava sozinha em casa, comecei a orar em voz alta, com muito fervor. Enquanto eu orava, eu sentia algo sobrenatural ao meu redor, uma coisa boa, que apesar de não poder ser vista, preenchia aquele lugar.

Eu orava com a Bíblia na mão, sendo que até então eu nunca a tinha lido na minha vida. A Bíblia é um conjunto de livros muito grande, mas naquele momento eu a abri aleatoriamente em uma passagem que falava da cura maravilhosa do rei Ezequias, que tinha uma doença maligna e Deus concedeu a ele mais 15 anos de vida.

Naquele momento, senti uma paz muito grande, como se Deus tivesse realmente escutado a minha oração e tivesse feito uma revelação a mim. Muito embora eu não tivesse muita intimidade com Ele, senti que a presença Dele era real.

Na mesma hora, chamei minha amiga por telefone e falei com ela que eu tinha recebido uma revelação da parte de Deus e que aquilo tinha mexido muito comigo. Contei para ela que eu tinha orado e que Deus tinha me mostrado aquela passagem na Bíblia.

Mas naquele momento eu não tinha conseguido interpretar direito a mensagem e então disse para minha amiga "você vai ser curada". Quando na verdade Deus deu a ela mais algum tempo de vida, exatamente como na passagem do rei Ezequias - isso foi algo que só compreendi algum tempo depois.

Deus deu a ela mais três anos de vida, um tempo muito além do que os médicos haviam previsto devido à complicação do câncer. Deus permitiu que ela vivesse ainda três anos, para a família desfrutar da presença dela e para que ela pudesse ficar com o filhinho, que ainda era bebê.

Naquele dia senti como se tivesse virado uma chave na minha cabeça. Pensei: "gente, é possível falar com Deus. Ele escuta a gente mesmo". Assim como a grande maioria das pessoas, eu também já cheguei a enxergar Deus como um ser inalcançável e imaginar centenas de formalidades como pré-requisitos para estar em Sua presença. Mas eu estava enganada - o maior pré-requisito para estar em Sua presença era simplesmente a minha verdadeira busca por Ele.

Confesso que no início eu não conseguia compreender muita coisa, porque a paz que sentia era tão grande que chegava a parecer "irreal" - a paz de Jesus excede todo e qualquer entendimento humano. Ela é grande demais para o nosso entendimento e, por isso, passível apenas de ser sentida e jamais compreendida.

Depois disso, em novembro de 2014 fui para a minha lua de mel, mas aquela revelação não saiu mais de minha cabeça. E me tornei ainda mais sedenta de Deus. Aquele chamado continuou ali dentro de meu coração, aquela vontade de conhecer Deus continuou dentro de mim de uma forma muito viva, acesa. E foi então que resolvi que quando voltasse da minha lua de mel eu iria procurar algum grupo de oração, ou líderes espirituais para me orientar, para que eu pudesse desenvolver a minha espiritualidade e conseguir ficar mais próxima de Deus. Porque até então eu já tinha buscado respostas em tudo que pudesse imaginar que estivesse à minha disposição, no sentido de espiritualidade, mas nunca tinha conseguido sanar a minha sede, as dúvidas que eu tinha, nunca tinha encontrado respostas em lugar nenhum. E sempre seguia com aquela inquietude dentro de mim.

Quando eu voltei para casa da lua de mel, descobri que eu estava grávida. E a minha gravidez mexeu muito comigo, fiquei muito tocada por ser minha primeira filha. Fiquei ainda mais próxima de querer buscar um grupo de orientação espiritual. Comecei a estudar sozinha, ler a Palavra e pedir a Deus para que Ele me orientasse e que eu tivesse discernimento para trilhar aquele caminho, que não me desviasse e conseguisse realmente encontrar dentro da Palavra de Deus as respostas que eu buscava.

E então, em 2015, fui apresentada a Jesus pela minha "mãe na fé", tia Eva. Deus a usou de maneira sábia e ela, com todo seu discernimento espiritual, atendeu às ordenanças Dele para que eu me rendesse, finalmente, ao amor infinito de Cristo.

A Bíblia diz: "eis que estou à porta e bato e aquele que ouvir a minha voz e abrir a porta, com ele cearei, e ele comigo". Então Jesus estava à minha porta e eu queria muito abrir meu coração para Ele entrar. E Deus preparou uma pessoa muito especial, Eva Cassimiro, para trabalhar a minha fé.

Tia Eva, como eu carinhosamente a chamo, foi até os Estados Unidos me encontrar e morou comigo alguns meses. Ela chegou um pouco antes da Vicky nascer e me ensinou muito com relação aos cuidados com a minha bebê, porque eu não tinha experiência alguma como mãe. Só que eu mal sabia que Deus não tinha mandando ela lá para me ajudar com a Vicky em seus primeiros meses de vida. Deus a mandou para ser a minha ponte para Jesus. E assim foi feito. Tia Eva me apresentou Jesus porque foi me evangelizando pouco a pouco - digo que ela, como toda boa mineira, foi "comendo pelas beiradas". Falava palavras sutis para mim e me evangelizava de um modo muito amoroso. Sempre digo que a forma como ela me ganhou para Jesus é a mesma como Jesus ganhou várias pessoas para Deus, em Sua breve passagem aqui na terra. Quando dei por mim, eu já estava frequentando uma igreja com a qual me identifiquei, já estava sendo orientada pelo meu pastor.

Digo que essa minha história parece ser tão maluca, porque Deus preparou a Eva para ir até mim e me ganhar para Jesus, mas também preparou outra pessoa para me levar ainda mais profundo no evangelho de Cristo: o pastor Alexis Rodrigo. Ele foi para os Estados Unidos e fundou uma pequena igreja. Quando comento que sinto que o meu pastor foi aos Estados Unidos só para cumprir essa "missão" dada por Deus, que era evangelizar a mim e algumas outras pessoas, lembro-me que ele ficou pouco tempo lá e depois mudou para o Canadá. Não tenho outra explicação, a não ser esta: o plano de Deus foi cumprido!

Não estou dizendo com isso que sou mais especial que outras pessoas para Deus. É claro que não. Deus não tem filhos favoritos. Ele prepara tudo para todo mundo, desde que a pessoa queira. E eu queria muito e penso que Ele viu isso em mim, pois Ele sonda os nossos corações. Eu tinha muita sede, eu precisava muito de Deus, eu buscava muito por Ele. Por Sua graça e misericórdia, Ele preparou essas pessoas para que eu me aproximasse ainda mais Dele.

Não digo que precisamos necessariamente de outras pessoas para chegar até Deus. Só precisamos de Jesus Cristo (pois ninguém chegará ao Pai se não através de Jesus) e de nós mesmos, da nossa boa vontade, de ter um coração honesto e buscá-lo em espírito e em verdade. Mas é lógico que precisamos ser orientados por líderes e por pessoas que já estejam mais maduras na fé - assim como o próprio apóstolo Paulo fundou várias igrejas e evangelizou muitas pessoas, nós também precisamos desses líderes.

Assim, Deus preparou o Alexis que foi quem me orientou no início dessa jornada e até hoje me orienta. Ele dedicou a mim todo o tempo em que morou nos Estados Unidos. Isso foi a coisa mais sensacional, que eu jamais poderia esperar num país distante do meu. Quando olho para trás meus olhos se enchem de lágrimas, porque vejo que ele estava lá por mim.

É claro que tive dúvidas, enquanto ainda não tinha tanta intimidade com Jesus. O tempo todo, desde que aceitei Jesus como meu único Senhor e suficiente Salvador e comecei a caminhar com Ele, eu ficava pensando "nossa, agora eu não vou mais poder trabalhar com o que trabalho, não vou mais poder postar foto e nem fazer tudo o que faço". Mas não foi assim que aconteceu. Como já diria um grande amigo conferencista: "posso até estar na Babilônia, mas quem me orienta é Israel".

Hoje em dia entendo que Deus me quer onde eu estou, porque consigo chegar a lugares que muitos líderes espirituais infelizmente não conseguem, devido ao preconceito das pessoas com a religião em si. Então, sinto que a minha conversão foi algo estratégico na minha vida e me colocou no caminho certo para realizar o meu propósito, que é o propósito que Deus tem para mim.

Deus já sabia disso e Ele não queria me tirar do lugar onde eu estava. Era ali mesmo que Ele me queria. Porque Ele não vê a nossa carcaça e, sim, o nosso coração. E somente muda o que Ele mesmo quer mudar. Eu sempre digo que a Palavra de Deus e o Espírito Santo nos confrontam frequentemente, quando estamos sensíveis à Sua voz. Eu oro para que Ele sempre me revele aquilo que não está de acordo com Sua vontade para mim, afinal todos aqueles que buscam esse caminho, estão sendo aperfeiçoados diariamente. Muita coisa já foi mudada em mim e sei que ainda haverá mais para ser mudado e melhorado. Mas a caminhada com Jesus é um processo contínuo e exige muita atenção e obediência ao longo da jornada.

Sou grata por tudo o que Deus tem feito por mim e é por isso que quero honrá-lo cada vez mais, porque sei que tudo o que está acontecendo não é pelo meu mérito, mas sim pelo mérito Dele, pela honra e glória Dele. É Ele trabalhando através da minha vida. Inclusive este livro também é para a honra e para a glória Dele. Sei que também é uma obra Dele na minha vida. É por isso que quero honrá-lo e glorificá-lo com tudo o que eu tenho.

Toda essa minha jornada de conversão aconteceu no final de 2015 e começo de 2016. Em maio de 2016 eu fui batizada nas águas, conforme ensinado pelo próprio Jesus na Bíblia. Foi tudo muito rápido. Muitas pessoas demoram muito nesse processo, porque não têm a coragem necessária para se entregarem por completo. A explicação que vejo para isso é que elas sabem que "quanto mais damos, mais somos cobrados". Quanto mais nos aprofundamos na Palavra de Deus, maior é a nossa responsabilidade para com ela, porque então conhecemos a verdade. Para mergulhar em águas profundas é preciso coragem e isso eu tive de sobra, afinal eu não me conformei em estar apenas na superfície.

Resolvi me entregar para Jesus com muita rapidez, o que foi algo transformador em minha vida. Hoje não importa onde eu vá, sinto-me segura porque meu pé está firmado na rocha que é Jesus.

PARTE 2

Você não pode viver uma vida de qualidade, se não é capaz de encontrar o equilíbrio no meio do caos.

Você não pode encontrar a paz interior, se vive em confusão.

Mantenha o seu ciclo positivo e deixe o equilíbrio ser o lugar, e o único lugar, onde você vai encontrar a sua paz interior.

Não há nada na vida tão bom como acordar todas as manhãs com a certeza de que, mesmo que o caos o chame, você estará seguro, porque tem os seus dois pés no chão.

Isso se chama equilíbrio e senso de existência.

CONSTRUINDO O EQUILÍBRIO

Equilíbrio significa serenidade, estabilidade, solidez, ponderação. Manter-se em equilíbrio é sustentar uma condição em que a paz e a harmonia estejam presentes na sua vida. Uma situação em que a sua fortaleza interior esteja garantida, sem que você perca a ternura e a sensibilidade. Significa tornar-se forte e resistente, sem se fechar para o amor ao próximo.

A busca pelo equilíbrio é um tema que vem apresentando mais de 300 mil consultas diárias nos mecanismos de busca na internet. O que nos dá a dimensão da importância desse elemento na vida das pessoas. Por essa frequência e interesse das pessoas nesse tema é possível perceber como elas estão sedentas pela paz e a harmonia interiores. No mundo inteiro, a busca pelo equilíbrio interior é muito intensa.

Equilíbrio também significa prudência, moderação, comedimento e, principalmente, domínio de si mesmo. O domínio de si mesmo é um dos frutos dos cuidados com o seu espírito. Ou seja, é um dos dons que recebemos quando nos conectamos com a nossa parte espiritual e desenvolvemos um relacionamento baseado na certeza de que, em nossa vida, dependemos de Deus.

Gosto de escrever sobre a busca pelo equilíbrio de maneira embasada em ensinamentos voltados ao espírito, pois eles são relevantes para se conseguir a harmonia interior e fazer a conexão da nossa saúde emocional com a saúde do corpo, além de nos orientar sobre sentimentos que precisamos mudar, alertar-nos sobre atitudes quanto às quais precisamos nos policiar - tudo com o objetivo de encontrarmos esse tão necessário equilíbrio.

Vamos definir aqui a palavra equilíbrio como sendo a forma pela qual você vai alcançar uma vida mais plena e realizada. E para ter domínio de si mesmo, precisa buscar essa condição no seu próprio interior.

A partir de agora, vamos definitivamente agir em busca da construção do seu equilíbrio na vida, da harmonia, da paz com que você sonha, da sua realização como pessoa. E a primeira coisa a compreender é que seu conceito de sucesso e prosperidade não pode se prender ao que os outros acham que é sucesso e prosperidade. Essa definição deve ser sua e só sua. É pessoal, é íntima, é aquilo que só você sabe que lhe faz bem.

Ser próspero não significa simplesmente ter acesso às melhores coisas, mas sim entender que temos posse de coisas tão valiosas que dinheiro nenhum no mundo pode comprar. E quando conhecemos a nossa própria identidade, entendemos quem somos, o que queremos de verdade, fica ainda mais fácil construir o caminho até o sucesso e a prosperidade.

É claro que, já que chegou comigo até aqui, você deseja mudar algo em seu estilo de vida. E, quem sabe, talvez ainda enfrente algum tipo de dificuldade para realizar o seu objetivo. Por isso, vou apresentar-lhe uma série de temas para pensar, para elucidar seus caminhos e o estimular a adotar algumas condutas muito favoráveis ao seu sucesso.

A partir de agora, vou proporcionar-lhe uma oportunidade, e lhe fazer um convite, para dar um mergulho nas profundezas do seu ser e mudar o rumo da sua vida para melhor. Permita que eu lhe dê uma pequena ajuda, para começar a colocar seus pensamentos na direção certa.

Venha comigo!

CONHEÇA SUA PRÓPRIA IDENTIDADE

Se há uma coisa na vida que realmente aprecio é ser eu mesma. Enquanto há muitos por aí tentando tornar-se outra pessoa, fico aqui, tranquila, sendo quem sou de verdade e confiante a respeito disso. Você não tem que impressionar ninguém, nem provar nada a ninguém quando está plenamente consciente sobre quem é e se sente confortável com isso.

A busca da nossa identidade exige que nos voltemos para dentro de nós mesmos, para entender tudo aquilo que realmente dá sentido à nossa vida. Nossa identidade tem a ver com a nossa essência, com aquilo que somos de verdade e com a missão que nos cabe neste mundo.

É preciso resgatar, lá de dentro da nossa essência, as experiências que vivemos, os valores que herdamos dos nossos pais, as coisas que aprendemos ao longo da nossa vida e todos os elementos mais que formam o nosso caráter.

O importante aqui é compreender que buscar e conhecer a nossa identidade não é algo que possamos fazer somente com base naquilo que recebemos do meio em que vivemos. É óbvio que é importante ter e aproveitar a influência do meio, porque convivemos em sociedade e isso também tem sua razão de ser na nossa jornada de vida. Seria loucura negar essa influência, como se vivêssemos dentro de uma bolha. Dentro de uma sociedade, estamos o tempo todo recebendo e dando, influenciando e sendo influenciados. Precisamos uns dos outros para alcançar lugares mais altos na vida, para possibilitar todo o desenvolvimento de que somos capazes.

Para ser uma pessoa verdadeira, não podemos abrir mão da influência do meio em que vivemos. Mas a busca da nossa identidade pede que olhemos especialmente para dentro de nós mesmos.

Em resumo, precisamos empregar essa consciência para que não deixemos eventos externos ultrapassarem as barreiras do nosso eu interior, distorcendo nossa noção daquilo que somos. E muito menos devemos permitir que os planos do próximo sejam parâmetros para os nossos próprios planos.

É muito importante fazer reflexões periódicas, diárias se possível, porque muitas vezes nossos sonhos são construídos com base em alicerces que nos foram impostos por outras pessoas, com base em parâmetros que não são nossos.

Deixamos que nossas metas sejam construídas com base em preceitos que a sociedade nos impõe, em coisas que julgamos serem boas, mas que não fazem necessariamente parte dos nossos planos pessoais. Muitas vezes achamos interessante fazer certas coisas porque vemos os outros fazerem e fechamos os olhos para o fato de que a realidade deles não é a mesma que a nossa. Somos muito influenciáveis e muitas vezes acabamos esquecendo daquilo que faz mesmo sentido para nós, porque estamos prestando atenção nos outros.

Sempre fui muito autêntica e sempre enfrentei muitas críticas, muitos obstáculos, por conta disso. Mas sei que a busca da verdadeira identidade tem muito a ver com autenticidade. Isso é muito importante nesse processo.

A grande verdade é que não depende de mais ninguém, só da gente mesmo. Se a oportunidade que esperamos não existe, podemos criá-la. Temos capacidade para isso, temos energia dentro de nós e essa mesma energia que podemos estar investindo nos projetos de outras pessoas podemos investir na nossa própria carreira.

O segredo é saber o que queremos, conhecer a nossa identidade. Precisamos conhecer a nós mesmos, em vez de aceitar aquilo que o mundo acha que somos ou quer que sejamos.

Quando aceitamos todas as opiniões do mundo sobre nós e fazemos disso a nossa realidade, nós nos tornamos marionetes dos outros, além de pessoas infelizes. Porque passamos a ser o reflexo do mundo e não o reflexo do nosso próprio ser, não o reflexo da nossa essência, dos nossos valores.

Eu sempre tive essa preocupação de ser autêntica na busca da minha própria identidade, do que eu quero, do que me faz feliz, do que me vejo fazendo daqui a alguns anos. É isso que me importa, e não o que o mundo espera de mim ou o que o mundo acha que eu devo ser ou fazer.

Precisamos ter cuidado, porque as influências muitas vezes nos tiram do nosso rumo. E é por isso que vemos pessoas trabalhando em empregos de que não gostam, em carreiras que nunca foram parte dos sonhos delas, pelo simples fato de que um dia acreditaram que aquilo "dava dinheiro", aquilo "dava futuro", ou porque várias outras pessoas estavam seguindo aquele caminho. Com o tempo, vamos percebendo que tudo isso apenas bagunça nossa vida e nos afasta de nossa própria identidade.

Temos nossos canais de comunicação abertos com as redes sociais, com os jornais, com a televisão e uns com os outros. Cada vez mais o nosso mundo se torna comunicativo, o que é muito bom. Por outro lado, se não procurarmos nos manter genuínos, se não cuidarmos de criar uma película entre nós e esse mundo para filtrar o que recebemos e separar para nós somente o que realmente tem valor, estaremos sujeitos a influências que atrapalharão a nossa jornada. E esse filtro deverá ser construído com base na nossa essência mais verdadeira.

Em outras palavras, você deve absorver aquilo que lhe faz bem, aquilo que o faz crescer, evoluir e que o engrandeça, sempre tendo como referencial a sua essência, sem deixar para trás aquilo que o trouxe até aqui, sem abrir mão dos seus sonhos de criança, daquilo que herdou de seus pais, em termos de bons valores, de valores positivos.

A beleza da vida não reside em tornar-se o que os outros esperam que você seja, mas em perseguir, descobrir, viver e desfrutar de cada segundo do seu verdadeiro eu.

Esse é o caminho que nos torna capazes de tocar a nossa essência, que, em uma análise mais profunda, tem tudo a ver com a questão da espiritualidade. Sim, porque somos um projeto de Deus, somos um sonho de Deus. Ele nos fez à Sua imagem e semelhança e, obviamente, criou-nos para o sucesso e não para o fracasso. Muito embora por muitas vezes precisemos fracassar para alcançar o que buscamos, Deus seguramente não quer ver-nos presos a esses fracassos. Pelo contrário! Ele deseja que tenhamos o hábito de contornar situações difíceis para nos tornarmos pessoas mais fortes. E é isso que devemos desejar para nós mesmos. Porque se permitirmos que o fracasso passe a nos definir, perderemos a nossa identidade.

Quando nos conectamos com a nossa espiritualidade somos capazes de entender o que significa "ser um projeto único de Deus". Ele tem um sonho individual para cada um de nós, somos indivíduos únicos, sem outros iguais na existência. E Deus nos fez e nos trata com essa singularidade maravilhosa, nos proporcionando exatamente todas as condições para que possamos crescer saudáveis e viver de maneira plena.

Deus nos dotou com a capacidade de compreender tal fato. Repare, por exemplo, que já na infância descobrimos que não somos a mesma pessoa que nossos pais e que o nosso urso favorito de brinquedo não é parte de nós. Descobrimos que "cada um é um" e que existimos em um meio onde a palavra "indivíduo" nos identifica e qualifica, cada qual dentro de sua própria forma de ser.

Essa nossa individualidade absoluta nos leva, na busca pela nossa identidade, ao conhecimento profundo de como nossa missão humana se converte na nossa profunda missão espiritual. Porque, no final das contas, o nosso corpo físico é apenas a morada temporária do nosso espírito. Torna-se impossível não conectar as coisas espirituais com as humanas.

Por isso mesmo é que não faria o mínimo sentido ficarmos insistindo em viver o sonho de outra pessoa, ou querer ser como o outro - isso impediria a nossa evolução como indivíduos e bloquearia a nossa felicidade, atrapalharia a nossa realização plena. Não dá para ser feliz vivendo o sonho do outro, não dá para realizar-se incorporando a identidade de outra pessoa. Se viemos a este mundo para ser quem somos, não faz o menor sentido querer ser o outro. Pois dessa forma estaríamos negligenciando aquilo que Deus tem para nós.

É claro que nos inspiramos no mundo ao nosso redor, o que é extremamente válido e importante, mas isso passa mesmo a fazer sentido somente, e tão somente, quando essa "referência" ou esse "espelho" é alguém que genuinamente tem a ver conosco. Não adianta pegar referências ou inspirações baseadas em conta bancária ou número de seguidores nas redes sociais. É importante considerar a conduta, os valores e a forma como essa pessoa toca outras pessoas no mundo e perceber o quanto o modo de ser dela tem a ver com o nosso próprio modo de ser.

É preciso também procurar ver o quanto essa pessoa que nos serve de referência é coerente, se o que ela diz e prega é o mesmo que ela pratica. Se ela afirma algo e age na direção de realizar esse algo. Porque a palavra sem ação volta vazia. Assim como a fé sem obras não é fé.

É preciso compreender e estar atento, porque até para escolher em quem nos inspirar devemos ter bastante cuidado. E uma coisa é certa: pessoas irão eventualmente nos decepcionar, pois assim é o ser humano. Tenha claro em sua mente que são bem-aventurados aqueles que depositam suas maiores expectativas nas coisas do alto e não nas da terra.

É a partir dessa consciência que nos vem a importância de conhecermos a nossa identidade mais verdadeira. Quando conseguimos focar naquilo que é a nossa verdade, os nossos valores mais profundos, os nossos conceitos legítimos com relação às coisas, às pessoas e ao mundo - isto é, os nossos parâmetros genuínos - e separamos essa essência daquilo que nos é influenciado, conseguimos visualizar e entender a nossa própria identidade e passamos a entender o que nos deixa felizes, o que nos traz plenitude, o que nos traz paz.

O resgate da nossa própria identidade vem de uma introspecção que devemos fazer periodicamente, em que nos voltamos para o conhecimento e a valorização dos alicerces que suportam a nossa personalidade, nosso caráter, que norteiam as coisas que vivemos, que pensamos, que planejamos.

No final de cada dia, devemos peneirar tudo o que recebemos de influências do meio externo, de outras pessoas, do ambiente social em que vivemos, da mídia, da televisão, de revistas, de informações das fontes mais diversas. Quando peneiramos e separamos o joio do trigo, percebemos o que é útil e conveniente agregar ao nosso aprendizado e também nos tornamos capazes de ter uma visão clara do que é influência externa e o que é realmente da nossa identidade. E com isso conseguimos reforçar as nossas verdades e aplicá-las com mais determinação no nosso dia a dia.

Conheci minha própria identidade quando compreendi que, na maioria das vezes, o mundo vai nos chamar pelos nossos pecados e não pelo nosso nome. Falam como se os nossos pecados nos definissem - embora isso não seja a realidade. Mesmo assim, isso serve para dar-nos uma boa dica de alguns pontos em que precisamos prestar mais atenção ao fazer uma autoanálise.

É analisando nossas falhas e reafirmando a nossa força que vamos ter um conhecimento mais profundo a nosso respeito. Não podemos permitir que nossos fracassos nos definam. Lembre-se de que "o fracasso é somente um evento e não a pessoa".

Todos os obstáculos são oportunidades magníficas para conectar-nos cada vez mais com aquilo que somos. É preciso ser um observador atento para, a cada superação, tirar dali uma lição a nosso próprio respeito.

Conhecer nossa identidade vai muito além de apenas compreender que é necessário fazer uma viagem para dentro de nós mesmos. É necessário estarmos dispostos a investigar tudo aquilo de que nos apropriamos, que tiramos do dia a dia e dos ambientes em que vivemos e assumimos como se fosse nosso. Uma palavra que ouvimos e é mal filtrada, por exemplo, pode mudar o rumo da nossa identidade e isso pode nos causar um estrago enorme.

Jamais permita que palavras ou fatos inadequados ou perniciosos se infiltrem no seu ser. Não admita que esse tipo de energia negativa atravesse a barreira da sua essência e o transforme numa pessoa que você não é e nem nasceu para ser.

Houve uma época em que trabalhei dirigindo um táxi nos Estados Unidos. Como eu era muito nova e dirigia dia e noite, peguei muitos passageiros que me diziam coisas horríveis. Imagine, uma menina nova, estrangeira, dirigindo um táxi sozinha à noite. Muitos passageiros me perguntavam quanto eu cobraria para passar uma noite com eles ou me diziam muitas outras coisas baixas, que me humilhavam. Ou então me perguntavam o que eu tinha ido fazer lá e me mandavam voltar para o meu país. E tantas outras coisas preconceituosas, como me perguntarem como eu aprendi a dirigir, se no Brasil não tinha nem carro, somente índios e macacos. Eu chegava em casa, chorava e dizia "meu Deus, por que eu estou vivendo isso?" Eram coisas que me doíam, mas eu sabia que precisava ser forte.

Eu vivia minhas histórias de taxista e ouvia coisas sobre como todo taxista deve ser cortês em escutar, mas no meu caso era ainda pior porque além de eu ser imigrante, estar lá sozinha e ter só 23 anos de idade, algumas vezes foi muito cruel.

Tive de engolir muito sapo, como nunca imaginei. Mas eu precisava daquele dinheiro e tinha que trabalhar. Muitas vezes trabalhei vinte horas direto, outras vezes ficava por horas a fio no ponto de táxi e não pegava uma só corrida. Chegava em casa frustrada, pensando no que iria acontecer comigo, já que as contas continuavam chegando.

Passei por muitas provações nos Estados Unidos, que poderiam ter feito com que eu desistisse de ficar por lá. Mas eu me comprometi comigo mesma de que eu iria dar certo naquele país e que iria superar todas essas dificuldades. Foram muitas as batalhas que me puseram para baixo, mas eu não desisti por causa delas. Não desisti porque eu sabia que era capaz de realizar os meus sonhos ali mesmo, naquele lugar em que eu queria estar e vencer.

Quando desisti de alguma coisa na minha vida, foi por vontade própria, porque eu sabia que aquilo não era para mim, não era o que eu queria para o meu futuro, ou às vezes até por medo mesmo. Mas nunca porque não me achava capaz de realizar algo.

Nunca me importei de ser criticada por escolher ser quem eu sou, em vez de seguir a multidão. E isso faz parte da minha vida desde muito nova. Sempre fui ousada - assumir sua própria identidade num mundo que quer mudar você o tempo todo é uma grande ousadia! E, é óbvio, já cometi muitos erros por não conhecer quem eu era de verdade. Mas aprendi com esses erros e hoje consigo identificar perfeitamente cada fato e como eu estou me colocando diante dele.

Para viver, a princípio, não é preciso saber. E a vida não vem com manual de instruções. A sabedoria vem dos erros e da intenção de acertar. Aos poucos, com o passar dos anos, de batalha em batalha, de derrota em derrota e também de glória em glória, pude me aproximar mais de mim mesma e saber melhor quem eu sou.

As críticas podem ajudar você a crescer, ou podem tirar a sua energia e o fazer desabar. Os elogios podem fazer bem para a sua autoestima e motivá-lo a seguir adiante, ou podem estimular o seu ego e torná-lo imprudente e injusto. E as linhas que limitam essas situações são tênues e precisam ser respeitadas. Porque tudo em exagero faz mal.

O pioneirismo que tive, se dividir rotinas de vida saudável nas redes sociais, levou-me a sofrer muitas críticas na época, em especial quando meu corpo começou a se transformar, a ficar mais definido - muita gente me criticava dizendo que eu estava ficando com corpo de homem. Eu recebia muitas agressões verbais nas minhas redes sociais, diariamente, sobre assuntos os mais diversos. É óbvio que ninguém gosta de escutar críticas, mas sempre procurei enfrentar tudo isso com certa neutralidade, partindo do pressuposto de que cada pessoa age de acordo com o seu próprio nível de consciência. Então não adianta esperar do outro o que ele não tem para dar.

Acabamos nos expondo muito e ficando à mercê de comentários e críticas, quando resolvemos agir e fazer algo diferente, lutar pelos nossos sonhos. Mas é preciso lidar com isso de uma forma natural. Muitas coisas me machucaram ao longo dos anos, mas eu sempre soube filtrar os acontecimentos, nunca deixei que as críticas definissem que eu sou. Muito pelo contrário, sempre as usei como combustível para me tornar uma pessoa melhor, para me conhecer de verdade. A maneira como o outro me vê não necessariamente reflete quem eu sou de verdade, mas me ajuda a ser uma crítica positiva de mim mesma.

É muito importante que tenhamos claro que a busca de nossa identidade tem muito a ver com autenticidade. Enfrentei muitas críticas, muitos obstáculos, porque sempre fui autêntica. Mas aprendi a importância de silenciar o mundo para escutar a minha própria voz interna. Porque se ficarmos prestando muita atenção ao que o mundo fala, acabamos perdendo tempo e uma energia preciosa. Dei ouvidos apenas para os meus sonhos e fiz isso a vida inteira. Esse é um grande diferencial que sinto que tenho na minha vida: eu acredito em mim e naquilo que quero.

Quando você busca o que quer para sua vida, é preciso que seu coração seja neutro e que seu julgamento seja claro. Seja firme, porém nunca perca a sensibilidade. Procure sempre avaliar o quanto você quer e deve absorver de cada experiência, seja ela positiva ou negativa. Optar pela neutralidade nos ajuda a captar apenas o necessário para o nosso julgamento e as nossas decisões e a selecionar as críticas que nos ajudam e separá-las daquelas que não nos interessam, o que nos dá mais chances de nos mantermos conectados com a nossa verdadeira identidade, independente do que aconteça no mundo lá fora.

Para conhecer o seu verdadeiro eu, o maior desafio é peneirar dentro de si e jogar fora tudo aquilo que não deveria estar lá, mas que penetrou pela sua barreira do espírito de maneira sorrateira e indesejável. É preciso ter em seu filtro mental crenças fortalecedoras, como estas:

- Os seus fracassos não o definem. Eles ensinam você e o fortalecem;
- Os seus medos não o definem. Eles são como escudos de proteção para que você não se machuque;
- Os seus traumas não o definem. Eles são experiências que o marcaram e são passíveis de serem superadas;

- O que o define é aquilo que você é e a razão para a qual está aqui: sua missão, seu caráter, sua personalidade, seus desejos mais genuínos e seus valores.

Ao me posicionar diante da vida e diante de mim mesma, percebi que a humildade e o senso de cumprimento de minha missão passaram a ser meus maiores tesouros. Analisei muito a vida de Jesus e tomei consciência de que Ele poderia ter sido o maior Pop Star que este mundo já conheceu, mas optou pela humildade. Poderia ter forçado as pessoas a segui-lo, mas optou por ganhar seguidores naturalmente. Nunca fez algo de errado e mesmo assim foi julgado, judiado, condenado e assassinado. E isso me deu muito o que pensar e um exemplo para seguir.

Por que eu estou dizendo isso? Para exemplificar que Ele só viveu de tal maneira porque sabia exatamente quem era. Nunca precisou provar nada a ninguém e tudo o que fez foi porque sabia de Sua missão e Ele foi bastante objetivo com relação a isso. Muito embora Seus feitos tenham impressionado o mundo, Ele jamais fez coisa alguma para impressionar quem quer que fosse. Ele impressionava pelo simples fato de ser quem era.

E assim devemos viver. Sejamos imitadores do caráter de Cristo, até mesmo na hora de entender que muitas vezes seremos julgados erroneamente, humilhados sem razão, detestados sem motivos. E isso não deve nos dar o direito de nos transformarmos em vítimas ou pessoas vingativas, rancorosas e amargas.

Lembre-se de que no final do dia o que mais importa não é o que os outros pensam a seu respeito, mas o que você sabe e pensa sobre si mesmo. No final do dia é importante termos a consciência de que muitos irão nos rejeitar, mas "Aquele que nos amou primeiro", jamais nos abandonou e jamais nos abandonará. E isso é a única coisa que realmente importa!

Não deixe que as críticas cheguem ao seu coração e nem mesmo que os elogios cheguem à sua cabeça.

Quero deixar com você algumas sugestões de pensamentos e atitudes que me ajudaram muito a conhecer minha própria identidade. Use-as com diligência e fé e tenho certeza de que elas farão o mesmo por você:

- Conecte-se com a sua espiritualidade, pois quanto mais próximos estamos das coisas celestiais menos as coisas do mundo nos influenciam negativamente. Busque mais a Deus, mas não apenas para pedir bênçãos. Procure vislumbrar Sua face e enxergar Sua bondade infinita. Queira conhecê-lo e caminhar ao lado Dele, em vez de apenas pedir por Seus favores. Lembre-se de que também não há formalidades para falar com o nosso Pai. O único e maior requerimento é ter um coração humilde e sincero e buscá-lo como quem realmente quer encontrá-lo;
- Desconstrua para reconstruir! Pode ter certeza que dentro de sua mente tem muita coisa que não é parte da sua identidade. Muitas vezes, você deve ter usado pregos no lugar de parafusos e argila no lugar de cimento quando construiu muitos dos alicerces dentro do seu eu. Isso significa que existe um excesso de informação desnecessária que absorveu, em vez de apenas ler, ou escutar e depois filtrá-las. Tudo isso ficou impregnado em seu ser e seus muros de proteção ficaram frágeis. Seus pilares ficaram bambos e você possivelmente se tornou mais vulnerável;
- Toda carga que não lhe é de serventia se torna um peso desnecessário para a sua caminhada. Livre-se dela;
- Peça em oração para que Deus o aperfeiçoe - reconheça suas fraquezas e peça para que seja transformado. Mais uma vez, a humildade entra em cena, pois é necessário reconhecer a sua imperfeição e aceitar que é preciso ser curado, que você necessita ser libertado. Culpa, inveja, mágoa, ódio, avareza, mesquinharia, ganância e ciúmes são

grilhões terríveis e é preciso reconhecer a necessidade de se libertar de todas essas amarras. A sua libertação faz parte do processo de resgate da sua identidade;

- Já pensou em se encarar no espelho, olho no olho, por pelo menos dois minutos? Não é algo fácil. Exija de si que se torne capaz de olhar nos seus próprios olhos. É importante que você o faça, porque os efeitos a longo prazo serão transformadores;
- Você costuma olhar nos olhos das pessoas? Se não, então passe a fazer isso. É muito importante. Muitos pensamentos passarão pela sua cabeça nesses momentos. Preste atenção a eles. Tenha sempre a certeza de memorizar as ideias mais relevantes, pois elas podem colaborar no processo de resgate de sua identidade;
- O que faz sentido para você? O que o move e o faz seguir adiante? O que lhe dá prazer? Tudo que o motiva a viver faz parte da sua missão. Porém, tudo o que fazemos com raiva, com preguiça ou despeito só ocorre porque estamos fazendo a coisa errada e precisamos mudar, ou porque estamos fazendo um sacrifício temporário para atingir um objetivo específico. Nada que lhe incomoda deve durar para sempre e você jamais deve acostumar-se a isso. Acostumar-se com o incômodo é negligenciar sua própria identidade, onde todos os seus desejos mais genuínos se encontram!
- Pare de agir inutilmente para impressionar pessoas por quem você nem mesmo tem qualquer afeição. Pare de alimentar seu ego com pensamentos que nem sequer lhe fazem sentido. Pare de se preocupar com opiniões alheias e de esperar a aprovação dos outros. O verdadeiro sentido da vida só é revelado quando, finalmente, percebemos que não viemos a este mundo para impressionar ninguém, mas para construir e moldar a nós mesmos.

RESISTA NOS DESERTOS DA VIDA

Não há dúvidas de que passamos e passaremos por vários desertos na vida e, por isso mesmo, devemos ser resilientes. Não devemos deixar que os desertos nos vençam. Devemos lembrar do exemplo de Jesus, que passou 40 dias e 40 noites no deserto, em condições extremas, e venceu também essa provação (Mateus 4:1). Essa história fala muito ao meu coração, pois creio que serve como uma valiosa lição de vida.

O deserto representa um lugar de grande fragilidade em nossa vida, devido às condições desfavoráveis que temos de enfrentar quando passamos por ele. A linguagem popular usa o substantivo "deserto" para descrever um lugar vazio, ermo e sem vida. E é mais ou menos assim que se configuram os desertos em nossa vida. Passar por um deserto significa caminhar com dificuldades, sentir solidão, desespero, ficar sem perspectivas e sentir, inclusive, cansaço físico e mental.

Nossas dificuldades podem ser consideradas como desertos que estamos atravessando, visto que representam circunstâncias e fatos que podem nos levar a uma vulnerabilidade total. E é nessas horas de dificuldades que precisamos resistir. Se nos deixarmos abater pelos sentimentos inerentes ao deserto, ele nos engolirá e nossas chances de derrota serão enormes.

Para atravessar qualquer deserto em nossa vida precisamos antes mudar completamente a perspectiva que temos sobre ele. E isso tem que começar pela sua entrega à sua fé, aos cuidados do Pai. Eu tenho plena convicção de que Deus não deseja que nos percamos em nossos desertos e que é justamente por isso que Ele permite que passemos por algumas provações na vida - para aprendermos como enxergar o caminho da salvação.

Deus deseja que cada um de nós, em nossa limitação humana, nos tornemos capazes de superar dificuldades e resistir a provações, assim como o próprio Jesus resistiu no deserto e não cedeu à tentação de romper com o bem para se entregar ao mal.

É claro que sabemos que durante a nossa travessia pelos desertos, em geral, nós nos sentimos fracos e nos tornamos vulneráveis a tudo. Mas eu quero, neste momento, lembrar a você sobre o que o Apóstolo Paulo disse sobre a fraqueza: "quando estou fraco é que estou forte".

Ora! Isso tem que fazer algum sentido para nós. E faz, pois, quando estamos fortes, tudo está muito bem, não sentimos a menor necessidade de desenvolver nenhum tipo de habilidade, como a resiliência, por exemplo. Porém, quando nos encontramos em uma situação de provação e medo ativamos "botões" dentro de nossa mente para que nosso corpo mude completamente de estado, saindo da linearidade e se tornando responsivo àquela situação.

Se não passarmos por adversidades, não conseguiremos jamais estimular nossa capacidade de resistência. E quando os problemas vierem, e eles virão porque fazem parte da vida e da nossa jornada, cairemos por completo pois não estaremos preparados para aquilo e seremos incapazes de reagir com a energia e a sabedoria necessárias.

Deus deseja que sejamos transformados por inteiro. E para viver esse processo de modo genuíno, são necessárias as provações, os desafios, as situações que estimulam as nossas forças e o nosso crescimento como pessoas.

Eu consigo hoje organizar muito bem as coisas na minha vida porque as dificuldades que vivi me trouxeram isso e me ensinaram a ser uma pessoa mais cuidadosa e ordeira.

Uma dificuldade é um caos, é uma bagunça, e temos que aprender a passar por ela e ajeitar tudo. As dificuldades nos ensinam a nos organizarmos - financeiramente, emocionalmente, nos relacionamentos, como pessoa, em todos os sentidos.

A partir daí aprendi a ser grata por meus problemas. Dou graças e glórias diante de uma tempestade, porque sei que ela passa, que a chuva se vai, mas o que ela deixa muitas vezes são elementos fundamentais que precisamos para continuar a seguir em frente, para nos fortalecermos, para nos tornarmos capazes de enfrentar outros problemas quiçá maiores do que todos os que já enfrentamos.

Sempre gosto de citar que a minha trajetória, com a ida para os Estados Unidos ainda tão nova, com 21 anos de idade, foi o que me trouxe de fato amadurecimento. As dificuldades pelas quais passei, o fato de estar longe de minha família e a sensação de estar por minha própria conta me proporcionaram um crescimento que teria sido impossível se eu tivesse hesitado e permanecido no Brasil.

É durante as adversidades que devemos, acima de tudo, continuar renovando e reforçando a nossa fé. Quando pensarmos que Deus nos "abandonou" no deserto, basta prestar mais atenção e perceberemos que Ele continua nos sustentando a cada dia, pois muito embora possam nos faltar forças físicas e emocionais, ainda temos vida e estar vivo significa ainda ter chances de reagir ao problema.

O deserto é um lugar árido, onde sofremos privações e ele também pode ser considerado um lugar de libertação, onde deixamos para trás tudo o que nos pesa e que não agrega em nossa vida.

E, por ser um lugar de solidão, o deserto também nos leva ao autoconhecimento, que é praticamente impossível de ocorrer sem que tenhamos momentos longos para estarmos conosco, sem intervenção de outras pessoas.

Muitas vezes nós criamos barreiras em nossas vidas, que impedem que recebamos as bênçãos que foram separadas para nós. Na travessia pelos desertos, temos a oportunidade de reavaliar nossas atitudes e temos a chance de refletir a respeito de onde temos errado.

Em outro relato importante da história bíblica, sobre o deserto e sua serventia para nossas vidas, está escrito que os judeus atravessaram o deserto por 40 anos em direção à terra prometida, após terem sido escravizados no Egito. Essa travessia foi um processo de libertação e de amadurecimento na fé em Deus e de muito aprendizado - vale ressaltar aqui que foi um processo de amadurecimento extremamente forte, visto que embora eles tenham atravessado o deserto por todo esse tempo, eles não chegaram à terra prometida, devido a murmurações intermináveis, muito embora nada lhes tenha faltado naquele período. Mas a travessia desse povo no deserto foi fundamental para as gerações vindouras.

Em todos os âmbitos de nossa vida, quando experimentamos momentos de secura e escassez, esses são os desertos que vivemos. Essa escassez pode ser de alegria, de fé, de esperança, de expectativa, de amor. Independentemente do que seja, quando estamos diante de uma privação temos que buscar ainda mais profundamente aquilo que vai sanar a nossa necessidade. E é esse um dos principais papéis dos desertos em nossa vida. Devemos resistir e jamais jogar a toalha diante das circunstâncias difíceis, das quais nenhum de nós está livre.

O caminho através dos desertos é o que nos leva a reconhecer nossa dependência de Deus. É onde somos provados, onde ganhamos encorajamento e recebemos a oportunidade de desenvolver nossa resistência e perseverança e consolidarmos a nossa fé.

Não devemos lamentar as dificuldades que surgem ao longo de nossa vida e nem mesmo nos aprisionarmos à dor que elas trazem, como se tudo o que pudéssemos fazer fosse sofrer e reclamar.

Parece algo difícil de se fazer, mas se você está triste, por exemplo, procure ler sobre o sentido da felicidade, assistir a filmes alegres e que transmitam uma mensagem positiva, observar crianças brincando no parque com largos sorrisos no rosto. Assim, naturalmente, estará dizendo a Deus o que deseja receber Dele e as coisas começarão a migrar para uma energia melhor. É claro que pensar de modo otimista, pensar positivo, pode não resolver o problema, mas coloca você em uma energia muito melhor do que se mantiver o pessimismo, se insistir em manter pensamentos negativos.

Pessoalmente, uma das coisas que acredito que têm me ajudado muito a resistir nos desertos da vida é tirar sempre o foco da minha dor. Sempre que fui colocada à prova, quando atravessei momentos e fases difíceis da minha vida, sempre procurei tirar o foco daquele sofrimento.

Quando digo que sempre tirei o foco da dor e lutei contra ela não quero dizer que ignorei ou minimizei minhas dificuldades. Pelo contrário, procurei extrair delas o melhor possível e usar para o meu crescimento, como combustível para o meu progresso, da minha busca por autoconhecimento, pela minha identidade, pela realização dos meus sonhos.

Uma das consequências mais naturais de se estar em um deserto, em uma provação, um momento de fraqueza, é a pessoa desistir, se vitimar, se entregar. Porque é muito mais fácil se entregar à dificuldade e se deixar ser envolvido por ela do que lutar contra aquilo.

Pela própria lei da Física, é muito mais difícil lutar contra uma força oposta do que se deixar levar por ela. Então, no momento em que você está atravessando um deserto, é preciso lutar com uma força que vem em direção contrária. E isso requer esforço físico, mental e espiritual. Para lutar contra isso, sua atenção, seu interesse e sua energia precisam estar focadas na solução e não no problema. Mas poucas pessoas conseguem se posicionar dessa forma.

Foi também durante a minha estada nesses desertos que pude conhecer os meus sonhos mais de perto, entender o que era possível e o que era impossível. E a partir disso deixar o impossível de lado e focar em coisas mais viáveis. Não que eu seja de desistir de meus sonhos, mas compreendi que alguns deles são realmente impossíveis e não compensa gastar energia com eles. Afinal, umas das coisas que mais geram o fracasso é justamente criar e insistir em metas inatingíveis.

Foi durante as provações, as travessias de desertos, que consegui conhecer minhas fraquezas internas e perceber a dureza dos fatores externos a que somos submetidos com frequência. E aprendi a resistir a tudo isso e superar o que me trazia sofrimento. Dessa maneira, tornei-me capaz de construir uma pessoa melhor a partir de mim mesma. Todos esses elementos, no final, acabaram sendo extremamente positivos na minha vida e benéficos para o meu crescimento, a minha evolução e a busca da harmonia do meu ser.

Fazendo uma analogia com a fisiologia humana, quando nosso corpo é colocado em situações extremas, submetido a situações como calor ou frio demais, por exemplo, nosso metabolismo se ajusta. Ele entra em estado de alerta e cria condições para que consigamos sobreviver àquela circunstância extrema.

Da mesma forma, isso é o que devemos fazer acontecer, durante a travessia pelos desertos da vida. Sabemos que estamos passando por um momento difícil, reconhecemos que precisamos ter extrema cautela e que precisamos colocar a nossa mente em estado de alerta para que consigamos adotar estratégias que nos levem a resistir, para que não morramos espiritual ou mentalmente.

Entregar-se ao sofrimento de forma definitiva é o mesmo que morrer em vida. E isso é muito triste e desorientador.

Você já deve ter ouvido aquela frase que diz "aquele homem morreu aos 20 anos, mas foi enterrado aos 60". Ou seja, ele "vegetou espiritualmente", sem entusiasmo ou prazer de viver, por 40 anos. Com muita gente acontece isso. Muitas pessoas simplesmente viram um vegetal, entregues à depressão e à falta de vitalidade. Elas não morrem, mas não vivem, porque se entregam ao sofrimento, em vez de lutar contra ele.

A seguir, quero sugerir algumas práticas, pensamentos e atividades que ajudarão você a resistir melhor nos desertos da sua vida:

- Todas as manhãs declare que esse será o seu dia da vitória, mesmo que ele ainda não tenha chegado ou lhe pareça distante. Crie e pratique uma proclamação diária, com a mensagem "eu me declaro vitorioso, não importa quanto tempo a vitória demore. Declaro que minha vitória irá acontecer";
- Declare com frequência que nada lhe faltará, mesmo em meio às maiores dificuldades: "nada faltará em meu caminho. No deserto entrei, nele caminharei e dele sairei. Nesse meio tempo, sei que nada me faltará, pois Aquele que luta por mim, jamais me abandonará";
- Não se vitimize. Reconheça suas dificuldades e respeite suas limitações. Mas não as transforme em uma catapulta para lançar você até o fracasso. Muitos de nós gostamos de chamar a atenção de outras pessoas para as nossas dificuldades. Isso é normal, mas não permita que isso aconteça por meio da vitimização, pois sentir pena de si mesmo e levar os outros a fazerem o mesmo pode ser um caminho sem volta para o abismo. Resista a essa tentação;
- Compreenda que você não é o único que está ali no deserto. Não que deva comparar os seus problemas com

“Você me leva ao deserto para falar de amor, me deixa passar pelo vale para mostrar que está comigo, me põe no meio da tempestade, pinta um arco-íris, para me dizer, no fim, que a Sua fidelidade não acabou”.

THAMIRES GARCIA E ROGERIO SILVA, MINISTÉRIO ZOE

os dos outros, mas ao perceber que cada um está lutando sua própria batalha você se sentirá aliviado, pois não pensará que toda a desgraça do mundo caiu sobre sua cabeça. Isso não significa que você deseja o sofrimento do próximo, mas lhe dará a visão de que todos temos quotas de aprendizado nesta vida, que chegarão por meio de desafios. E evitará que tenha o pensamento egoísta e revoltado que questiona "por que comigo?";
- Trabalhe firme na sua fé. Os desertos da vida são as maiores e melhores oportunidades de reconhecermos a nossa dependência de Deus. Mesmo quando um problema parece insolúvel, Ele sempre pode virar o jogo. Precisamos ter fé;
- Olhe sempre para a frente pois é lá que está a saída. Não perca tempo tentando compreender circunstâncias que não o tirarão do deserto. Foque na solução e não no problema;
- Seja resiliente. A resiliência nos traz a devida capacidade de nos ajustarmos a qualquer tipo de situação, principalmente aquelas que nos deixam desconfortáveis. Lembre-se de que você foi projetado por Deus para se adaptar ao que quer que seja e tem total capacidade para isso;
- Ore. Uma oração é a forma mais genuína e profunda de se chegar a Deus. Nenhuma oração fica perdida e nenhuma lágrima é desperdiçada na presença Dele. Eu sempre digo que cada gota de suor ou de lágrima está guardada no odre de Deus e será transformada em chuva de bênçãos nos momentos oportunos.

Imagino que talvez não seja fácil para você realizar tudo isto que estou propondo, porque cada um de nós tem um problema diferente, enfrenta uma batalha distinta. Tem pessoas sofrendo pelo fim de um relacionamento, outras pela morte de um filho, pela morte de um ente querido e por tantas outras razões. Os sofrimentos existem em graus diferentes e as pessoas lidam com eles de modo diferente. Não adianta querer generalizar, dar uma receita mágica que sirva para todo mundo sobreviver às suas dificuldades, aos seus desertos. Mas não tenho dúvidas que você pode sim fazer algo em seu próprio benefício, a partir desta nossa conversa.

Você vai conseguir passar pelos seus desertos, vai conseguir sobreviver àqueles momentos duros em que tudo o que acredita será posto à prova. Lembre-se de que tudo nesta vida é passageiro e que um dia você vai experimentar de novo a alegria e a esperança de novas metas, novos projetos, enfim, uma nova perspectiva na vida. Busque viver com alegria, apesar das dificuldades.

FORTALEÇA-SE NAS SUAS FRAQUEZAS

O que é fraqueza? No meu entender, fraqueza é um momento de debilidade física, mental ou espiritual, que vivemos em determinadas situações difíceis em nossa vida.

Em ocasiões de extrema debilidade, ou seja, de fraqueza intensa, a primeira coisa que passa pela nossa cabeça é desistir, entregar-se à dor, ficar no chão, sem forças para se levantar. É muito comum nesses momentos que a pessoa fique deprimida, se isole, queira apenas ficar quieta em um canto, sem querer falar com ninguém.

O que poucas pessoas têm consciência é de que a fraqueza existe com um propósito. Acredito que Deus não permitiria que ela penetrasse no mundo se não pretendesse agir graciosamente através dela. Se sabemos e acreditamos que o sofrimento penetrou no mundo e existe na nossa realidade, então precisamos crer também que Deus o usa para trabalhar nas nossas vidas.

Com base nisso, enfatizo mais uma vez a frase do Apóstolo Paulo: "quando estamos fracos é que estamos fortes". Porque durante as nossas fraquezas é que conseguimos identificar a raiz de nossos problemas, as coisas que precisamos amadurecer, do que precisamos ser libertados, ser curados. Essa é uma ideia que amo e que fala ao meu coração, pois quando estive muito fraca na minha vida foi a época em que mais me desenvolvi como ser humano e que mais oportunidades criei.

De um modo geral, é quando nos sentimos extremamente fracos que temos uma grande chance de nos fortalecermos, porque temos a oportunidade de nos conhecermos a fundo, através da vivência de nossas dificuldades e do enfrentamento dos nossos problemas. Quando entramos no estado de fraqueza, descobrimos o que nos levou até lá. E entendemos o que precisa ser mudado em nossa vida.

Por exemplo, no mundo atual as pessoas estão em uma luta incessante para atingir certas metas impossíveis. A busca desenfreada por esses resultados acaba em frustração. E a frustração causa dor e enfraquece. No final desse processo, vai ser a análise e a conscientização sobre esse enfraquecimento que vão permitir a elas que tomem uma direção mais adequada em sua vida.

Costumo dizer que muitas vezes criamos ídolos em nossa vida e nos condenamos a persegui-los sem muito discernimento. Quando temos fixação por qualquer coisa (trabalho, pessoas, objetos), esses elementos se tornam ídolos em nossa vida. Podemos idolatrar uma atividade em que estamos envolvidos de maneira doentia, sem limites, ou algo que queremos muito, de forma exagerada, ou mesmo algo que perseguimos por influência de sugestões que chegam até nós a partir do mundo externo, da mídia, da influência de pessoas que nos cercam. Um ídolo, nesse contexto, é algo que se torna uma obsessão em nossa vida.

Onde colocamos ídolos, não sobra espaço para colocar a nossa fé - e a sabedoria nos ensina que precisamos primeiro buscar as coisas de Deus, as coisas espirituais, e depois as coisas do mundo. E quando idolatramos algo deste mundo, acima de Deus, desviamos a nossa mente daquilo que realmente importa buscar em nossa vida. Vale ressaltar que não há nada de errado em admirar diversas pessoas e coisas, mas devemos ter sempre o cuidado de não dar a elas o lugar que deveria ser de Deus ou de tudo aquilo que edifica e alimenta o nosso espírito.

Existem as fraquezas corriqueiras do dia a dia, como a perda de emprego, o término de um relacionamento, uma porta que se fechou em nossa vida, alguma coisa que nos frustrou, o fato de não conseguirmos alcançar um objetivo. Também vamos viver fraquezas provindas de provações mais intensas, mais profundas, para as quais nunca estamos preparados, como a perda de um ente querido, por exemplo. Essas são fraquezas que têm que ser trabalhadas principalmente com a fé, para que haja uma possibilidade real de tirarmos o foco da dor no nosso dia a dia e encontrarmos um recomeço.

Qualquer que seja a situação de provação pela qual passamos é como se tivéssemos um abismo à nossa frente pelo qual temos de passar. Mas, para chegar ao outro lado, temos de descer até o fundo desse abismo, e então começar a escalar a parede do outro lado. Com isso, simbolicamente, podemos dizer que vamos ao fundo de nossa essência e nos conhecemos mais de perto, ganhando força durante essa caminhada.

Ao longo de nossa vida, precisamos trabalhar cada coisa que precise ser mudada, cada atitude que precise ser aprimorada, cada pensamento que necessite ser redirecionado. E só conseguimos fazer isso quando somos submetidos a desafios. É nesses momentos que somos levados ao fundo do poço, para termos uma nova perspectiva de quem somos e como estamos atuando em nossa vida.

Quando nos sentimos como se estivéssemos no fundo do poço, percebemos que a única direção em que podemos olhar é para cima - é quando olhamos para além do que temos de material e procuramos o apoio espiritual. É quando nos apoiamos em algo que está além das nossas forças, reencontramos a nossa fé, renovamos nossas esperanças e aprendemos a escalar para sair dali e voltar para a superfície, para a luz do sol.

Quando estamos fora do poço, não temos necessidade alguma de aprender a construir escadas, ou de subir muros ou de nos tornarmos melhores do que somos. Estamos muito confortáveis para que nos lancemos voluntariamente a novos desafios. Mas quando somos colocados no fundo do poço, só então percebemos que ainda há muito a fazer para crescermos o que é necessário nesta vida.

No fundo do poço, com certeza, precisamos de uma mão amiga. E aprendemos a segurar na mão de Deus e entendemos a nossa dependência da ajuda que somente Ele pode nos dar.

Quando vivi momentos de fraqueza, pude perceber que só havia uma atitude a ser tomada: reerguer-me e usar cada uma das experiências vividas como uma ferramenta para fortalecer-me. A fraqueza me proporcionou todas as ferramentas que eu necessitava para tornar-me uma pessoa forte. Percebi que o sofrimento que eu enfrentava fortalecia o meu espírito, pois me voltava mais ainda para Deus.

Durante os meus momentos de maior fraqueza, pude notar algo "curioso" e muito comum em todos eles: eu me tornava mais consciente da minha incapacidade de controlar determinadas coisas e percebia a minha pequenez diante da grandeza de Deus, que sempre me socorria.

É somente quando estamos fracos que conseguimos aguçar essa percepção, porque enquanto tudo está bem tendemos a nos sentirmos no controle da nossa vida e menosprezar os ensinamentos que ela nos traz.

Pense: você sente falta da luz enquanto tem luz? Você sente falta da água enquanto tem água? É claro que não. Mas quando falta luz ou água, ficamos desesperados e reconhecemos a nossa dependência dessas duas coisas.

Não temos o controle de tudo. E mesmo quando estamos confortáveis, sabemos que tudo pode mudar numa fração de segundos e a nossa sensação de ter o controle se vai por completo.

É muito importante vivermos momentos de fraqueza, para que conheçamos a nossa capacidade de acionar o botão da fé e do otimismo. E é aí que nos fortalecemos. Quando entendemos que somos pequenos e impotentes diante da grandeza da vida, nós nos tornamos humildes. Reconhecer a nossa pequenez significa colocar-nos em uma posição de dependência e de submissão a quem é maior que nós: Deus.

Quando reconhecemos nossa dependência de Deus, percebemos também que toda situação é passageira e que precisamos ser pacientes e otimistas até que nossas angústias sejam resolvidas. Nos fortalecemos e aprendemos a confiar.

Cada um tem sua própria experiência, sua própria vivência nessa questão de se fortalecer durante as fraquezas, mas acredito que a melhor forma de conseguirmos encontrar e reconhecer a misericórdia divina é durante os momentos de provação. Nas nossas fraquezas é que conhecemos a graça de Deus.

Um dos ensinamentos que aprendi e de que mais gosto diz "busque primeiro as coisas do reino de Deus e tudo mais lhe será acrescentado". E é bem isso em que acredito, porque é bastante simples verificar que quando colocamos as coisas materiais à frente da nossa fé - como o nosso trabalho, os nossos desejos, as nossas ambições - acabamos deixando de lado o que de fato tem importância na nossa vida, aquilo que nos traz fortalecimento espiritual. Quando optamos por viver na luz, nossas aflições e fraquezas se tornam momentâneas. E isso vai refletir na nossa vida como um todo.

Outro aspecto importante de perceber é que nossas fraquezas nos debilitam, independentemente de sua origem, em todos os aspectos de nossa vida. Toda fraqueza espiritual, por exemplo, reflete também em uma fraqueza mental, que também respinga em nosso corpo, causando uma debilidade física. Acabamos sempre sentindo no nosso corpo e na nossa saúde os efeitos e as consequências de qualquer fraqueza que tenhamos ou pela qual estejamos passando. É bastante simples comprovar isso, lembrando-se do fato de pessoas que passam por momentos de luto ou de muito sofrimento relatam que sentem dores físicas terríveis.

Tudo o que começa na mente ou no espírito acaba refletindo no corpo de alguma forma, e tudo o que começa no corpo reflete nos demais aspectos de nossa vida, porque tudo está interconectado, todos os elementos estão amarrados entre si.

Para que você possa se fortalecer nas suas fraquezas, coloquei aqui algumas sugestões práticas. Antes, porém, quero reforçar a ideia de que nossas fraquezas nem sempre são oriundas das escolhas que fazemos, mas muitas vezes de adversidades que enfrentamos na vida e situações que nos pegam de surpresa. Mas uma fraqueza precisa sempre ser enfrentada para que tiremos dela o fortalecimento de que precisamos.

O mais importante no processo de fortalecimento a partir de nossas fraquezas é não nos entregarmos ao sentimento de fracasso e não aceitarmos os reveses como situações definitivas em nossa vida.

Da mesma forma que o nosso instinto humano nos faz levantar quando tropeçamos durante uma queda, nossa mente também é capaz de nos reerguer durante um momento de fragilidade mental ou espiritual. Tudo vai depender da forma como encararmos as nossas fraquezas.

Devemos sempre nos lembrar da nossa segurança por termos uma força maior que nós mesmos, para nos resgatar dos poços em que caímos, para nos socorrer nas aflições por que passamos. É humanamente impossível sair do fundo de

“A minha graça te basta, porque o meu poder se aperfeiçoa na fraqueza”.

2 CORÍNTIOS 12:9

um poço sozinho, sem a ajuda de uma escada, de uma corda ou de qualquer outro objeto usado para resgates. Sabemos que o nosso "resgate" é Deus, através da nossa fé.

Existem também algumas atitudes que podem colocar você em um nível de compreensão e energia que favoreça o seu fortalecimento, mesmo a partir daquelas situações de tribulações extremas, em que esteja se sentindo muito frágil. Acompanhe:

- Nunca deixe de buscar a Deus, mesmo naqueles dias ruins, em que você parece estar sozinho no mundo. Ele sempre está a seu lado e buscar a Deus durante momentos difíceis demonstra dependência e confiança em seu poder de resgatá-lo. Por outro lado, buscar a Deus durante momentos felizes demonstra fidelidade. Seja, sim, as duas coisas: fiel e dependente Dele. O simples fato de crer que há alguém maior do que você no controle de toda a situação lhe trará forças para seguir adiante;
- Libere o perdão e se liberte. Seja a si mesmo ou a qualquer outra pessoa, perdoe sempre. Seja alguém envolvido em seu momento de fraqueza, ou que o tenha magoado, não espere que lhe peçam perdão. A liberação espontânea do seu perdão é uma libertação espiritual que resulta em curas de dores e traumas. O perdão honesto é transformador! Muitas vezes a falta de perdão é a única porta de que as coisas maléficas necessitam para penetrar dentro de nós. Não lhes dê essa brecha;
- Peça perdão, mesmo que lhe falte coragem. Assim como a liberação do perdão é uma porta aberta para a plenitude espiritual, o pedido de perdão é como livrar-se de um saco de tijolos que arrastamos por toda nossa vida. Quando nos livramos de pesos e bagagens desnecessárias e tóxicas, abrimos espaço para sentimentos benevolentes e essenciais para nosso crescimento;

- Confesse a Deus os seus erros que o conduziram à fraqueza. Quando assumimos a responsabilidade por nossas atitudes e nos apropriamos dos nossos erros, conseguimos estabelecer com maior clareza os caminhos que nos levariam a ruínas internas. Revele a Deus o pior de si, para que esse peso seja retirado de sua vida através da confissão. Tenha em mente o pensamento: "eu sei que errei, sei que podia ter feito diferente e sei que posso mudar";
- Um dos livros da Bíblia que mais me ajudam a compreender o processo de fortalecimento perante minhas fraquezas é 2 Coríntios, escrito pelo apóstolo Paulo. Sugiro a meditação frequente nesse livro tão profundo, pois será edificante no seu processo pessoal de fortalecimento diante de suas fraquezas;
- Alimente seu altruísmo. Quanto mais fracos estamos, mais devemos buscar ajudar ao próximo, pois estaremos nos ajudando também. Ajudar ao próximo sempre faz com que nos sintamos úteis, o que naturalmente nos fortalece.

CUIDE DA TRÍADE DA SAÚDE

Cuide do corpo, do espírito e da mente. Você só pode ser verdadeiramente saudável quando cuida dos aspectos de sua existência como um todo.

Na realidade, quando descuida de um desses aspectos você está descuidando de todos eles. Tudo é interligado e não dá para separar uma coisa da outra. Veja: naquela época em que trabalhava no banco eu passava muito tempo sentada e trabalhava durante muitas horas por dia, sem me movimentar e sem me alimentar corretamente. E é claro que isso não era bom e me prejudicava muito fisicamente. Mas o pior é que meu descuido com meu corpo refletia no descuido com minha mente e é claro, no abandono dos cuidados com o meu espírito. Uma coisa leva à outra. O descuido se generaliza, a falta de cuidado com o corpo afeta a mente e afeta o espírito. E isso vale em qualquer ordem que você puder analisar sobre a influência mútua entre esses três aspectos.

Quando comecei a me cuidar, o início exigiu muito sacrifício e determinação. Mas com o passar do tempo pude ver os bons reflexos dos meus esforços em todos os planos da minha vida.

Eu chegava na academia de madrugada, porque não tinha muito tempo para malhar. A minha realidade existente era aquela. De nada adiantaria fazer planos e criar expectativas dentro de uma realidade que não era minha. Então eu fazia o que podia, com o eu que tinha, no lugar onde eu estava. Eu trabalhava 12 horas por dia e tinha que adaptar tudo o mais dentro de minhas horas disponíveis fora do banco.

A primeira vez que fui para a academia cheguei lá morrendo de sono e cansaço e praticamente chorando por estar fazendo aquilo comigo, porque eu achava que era vaidade minha. Só com o tempo é que fui entender que não era vaidade e sim uma questão de saúde - tanto física, como mental e espiritual.

Conforme os resultados do meu trabalho na academia foram vindo, passei a me sentir muito mais disposta e com muito mais energia. Ajustei a minha alimentação e tudo ficou ainda melhor no meu organismo. E minha mente e meu espírito já reagiram também de maneira positiva.

Normalmente, quando pensamos em saúde, as duas primeiras coisas que vêm à cabeça são dieta e atividade física. Mas não podemos presumir que somente ao cuidar do nosso corpo com uma alimentação equilibrada e atividades físicas adequadas estaremos nos tornando saudáveis. O conceito de saúde vai muito além disso.

Não existe alegria onde não há equilíbrio entre todas as partes envolvidas. Isso vale para qualquer coisa na vida. Eu respeito e admiro aquelas pessoas que optam por uma vida restritiva e mesmo assim se consideram felizes. A maioria não se encaixa nesse grupo.

Posso usar o meu próprio exemplo, para reforçar o que estou dizendo. Durante muitos anos fui extremamente restrita na alimentação, em prol da "saúde", e passava horas a fio em uma academia. Acreditava que estava cuidando da minha saúde e pregava isso como verdade absoluta.

Hoje, porém, no auge da maternidade e buscando cada vez mais conhecer a mim mesma, noto que eu não era tão saudável assim. Primeiro porque os meus exames de rotina nunca eram 100%, sempre faltava uma coisinha aqui, outra ali, devido à alimentação extremamente restritiva e ao treino exagerado. Além disso, privei-me de muitos eventos sociais importantes por conta da minha alimentação diferenciada.

Não, eu não me arrependo de nada do que fiz, pois isso foi o que me trouxe até onde estou. Mas hoje percebo, como ser humano, profissional de Nutrição e cristã, que a saúde não pode ser colocada dentro de uma caixa, limitando-a apenas aos cuidados com o corpo.

Eu não tinha tantos momentos felizes durante meus prolongados períodos de restrições, pois vivia me cobrando muito e a carga era extremamente pesada. A restrição alimentar causava muitas oscilações no humor e mudanças hormonais. Vivi isso por muito tempo, mas nunca percebi que estava infeliz. Também perdi amizades, perdi oportunidades e momentos de alegria. Por quê? Porque eu não tinha equilíbrio e não tinha a menor noção do que significa ser saudável de verdade. Inclusive, eu evitava estar em lugares onde havia comida "não saudável" para me tentar - mas me esquecia de que nesses lugares estavam também muitos dos meus amigos, de quem eu estava me afastando por não os frequentar.

Até que a vida esfregou isso na minha cara e eu percebi que estava perdendo muito da minha vida, por estar com uma visão muito estreita do que era a plenitude de viver. Eu exagerei muito, mas dou graças a Deus por Ele ter virado mais essa chave na minha cabeça.

Lembro-me de que isso ficou muito evidente para mim a partir de novembro do ano de 2014, quando casei com o Maguila. E isso me levou a uma nova fase da minha vida.

Como muita coisa na minha vida, mesmo nesse dia tão importante acabei passando por mais uma provação. Nós tínhamos pagado uma festa de casamento no campo de golfe de um hotel, ao ar livre, com toda aquela paisagem linda, o que era a realização de um sonho nosso. Planejamos aquela cerimônia por meses. Eu já estava pronta quando a mestre de cerimônia me avisou que não poderíamos realizar o casamento ao ar livre, porque estava vindo uma ventania muito forte, que levaria toda a estrutura da cerimônia pelos ares.

Comecei a chorar, acabei com a minha maquiagem e fiquei atônita, porque o meu dia de noiva, um dia tão importante, poderia ir por água abaixo (ou melhor, vento acima). Entrei no banheiro sozinha, olhei para mim mesma no espelho e chorei mais ainda. Depois, eu me recompus e disse a mim mesma que já havia passado por tantas coisas e dado a volta por cima e não iria deixar que aquele dia tão especial fosse destruído. Decidi ser feliz com o que eu tinha ali, naquele momento. Não iria ser da maneira que eu sonhei, mas o casamento iria acontecer e eu seria feliz, independentemente das adversidades.

Fui refazer minha maquiagem e arrumar minha roupa e o casamento aconteceu dentro do salão de eventos do hotel. Não era adequado nem foi como sonhei, mas eu tinha decidido que iria fazer com que aquele dia fosse lindo, não importando o que acontecesse.

E eu tive certeza absoluta de ser abençoada com aquele casamento quando olhei nos olhos do meu marido Maguila e entendi que estava casando com o homem da minha vida, que Deus tinha me abençoado colocando ao meu lado a pessoa certa.

Naquele dia, eu comi muito doce, muita coisa que não comia havia anos, porque na minha festa de casamento não tinha nada fitness. Então foi como se eu estivesse me libertando de uma Bella que vivia dentro de uma cela cheia de restrições, assumindo uma Bella que queria viver uma vida saudável, mas também uma vida normal e prazerosa.

Na lua de mel viajamos para o Japão e quando chegamos ao hotel fui malhar na academia, mesmo cansada da viagem de mais de doze horas. De repente, eu me peguei perguntando para mim mesma: "o que é que eu estou fazendo aqui na academia? Por que eu não vou descansar um pouco? Por que eu não estou na cama descansando com o meu marido?"

Foi então que prometi para mim mesmo que durante aquela viagem eu iria dar um tempo, não iria malhar todos os dias, só quando me desse vontade de verdade, não iria restringir minha alimentação com tanto rigor como era o meu hábito.

Quando soube da minha decisão, o Maguila olhou para mim e me perguntou se eu estava bem, se não estava com febre. Porque aquilo não era do meu feitio. Respondi que eu estava ótima. Naquele momento eu sabia que estava fazendo a escolha certa. Estava virando uma chave na minha cabeça e eu decidi que dali em diante eu buscaria ter mais equilíbrio na minha vida. Então me desliguei do mundo. Tentei me desligar, na medida do possível, das redes sociais, abracei aqueles momentos com o meu marido e foi a melhor viagem da minha vida até então.

Viajamos para vários países, comi de tudo de cada culinária local, relaxei e não me cobrei sobre dietas ou malhação todos os dias. Até hoje fico pensando que se eu tivesse feito aquela viagem com a mentalidade que eu tinha antes não teria aproveitado nem a metade do que eu e meu marido desfrutamos na nossa lua de mel.

Quando voltamos para casa, tive um sonho em que eu estava grávida. Fui fazer os exames e ficou confirmado. Eu não acreditava, pois engravidei de primeira, sem nunca ter tentado. Era totalmente improvável, porque eu não menstruava e teoricamente não tinha tantas chances de engravidar, devido ao meu baixíssimo percentual de gordura. E, no entanto, eu estava grávida.

Meu corpo tinha uma taxa de gordura tão baixa que o nutricionista que me acompanhava na época se preocupou bastante em me ajudar a elevar esses níveis, de forma saudável, para que eu pudesse sustentar a minha gravidez. A gravidez firmou, foi ótima, deu tudo certo e nasceu a Vicky. Por isso eu falo sempre que a minha filha foi uma promessa de Deus para mim. Porque ela veio para mudar tudo na minha vida.

Muita coisa mudou no meu modo de agir e com as experiências vieram os aprendizados. Tornei-me esposa e mãe, graduei-me em Nutrição, construí um sonho e trabalho, cada dia mais, para realizá-lo: quero mudar essa visão que as pessoas têm com relação à saúde. Hoje enxergo a saúde de outro ponto de vista, sem padrões, sem metas inatingíveis e sem frustrações.

Vivemos em um mundo dinâmico, onde as preferências estão sempre mudando. Neste mesmo mundo há etnias diferentes, culturas variadas e genéticas diversas. Tendo isso em vista, seria possível existir um padrão para qualquer coisa que diz respeito à aparência, ou à saúde, do ser humano? É óbvio que não.

Ser fisicamente saudável não é ter um corpo que agrade à maioria, mas sim que agrade a si mesmo e que esteja em bom estado, conforme pode ser comprovado por exames médicos de rotina. E não é só isso. Ser saudável engloba também cuidados com a mente e o espírito. Porque de nada adiantará ter um corpo invejável e saudável se a mente estiver fraca e o espírito deteriorado.

Ser saudável é conseguir harmonizar a tríade corpo, espírito e mente, para que essas três vertentes estejam sempre bem nutridas e cuidadas. Não basta ir para a academia e cortar glúten e lactose todos os dias. É importante entender que o nosso corpo depende da nossa mente, assim como a nossa existência está ligada ao nosso espírito. O corpo adoece, o espírito padece, a mente escurece, se o equilíbrio entre essas três áreas não estiver estabelecido. Todos esses aspectos do nosso ser precisam de cuidados constantes.

Quando você come algo que o seu organismo recusa, é comum ter algum problema gástrico, uma dor de cabeça, ou mesmo alguma reação intestinal. Se comer algo que envenene o seu organismo, as consequências serão ainda mais graves. Mas você já parou para pensar que pode estar alimentando de maneira errada não só o seu corpo, mas também a sua mente e o seu espírito?

Você já percebeu que quanto mais palavras negativas fala, pior é o seu dia e mais pessoas tóxicas atrai? Já reparou que quanto mais informação negativa ou ruim absorve, mais depressivo e desanimado se sente? Já notou que quanto menos você rega a sua própria grama e fica só admirando a grama verde do seu vizinho, mais angústia amarga o seu dia a dia?

Esse tipo de coisas são alimentos tóxicos para seu corpo, sua mente e seu espírito. E você precisa ter cuidado com tudo isso. É preciso lembrar sempre que os cuidados com a sua saúde não podem ser limitados apenas aos cuidados com o corpo. A vida é mais do que o sustento do corpo e nem só de pão vive o homem - o que quer dizer que o homem também vive daquilo que sai da boca de Deus, das palavras e ensinamentos de Deus, como está escrito em Mateus 4:4.

Cuide sim da sua alimentação física, do alimento do seu corpo, mas lembre-se sempre de que da mesma maneira que existem alimentos essenciais para o corpo, há alimentos necessários para a mente e para o espírito. Crie o hábito de alimentar regularmente também a sua mente e o seu espírito.

Imagine agora se você pudesse, durante todas as refeições, fazer um prato para o seu corpo, outro para a sua mente e outro para o seu espírito. O que deveria ter em cada um deles?

Veja a seguir alguns exemplos de alimentos que você deve oferecer todos os dias para a sua mente e o seu espírito. Garanto que a partir do momento que passar a se alimentar corretamente por completo, muita coisa vai mudar para melhor na sua vida.

Alguns alimentos para a sua mente:

PALAVRAS POSITIVAS Escolher palavras positivas para se expressar faz uma enorme diferença na sua vida. Elas estimulam atitudes construtivas, elevam seus pensamentos e melhoram o seu relacionamento com você mesmo e com as outras pessoas;

PENSAMENTOS POSITIVOS Nós atraímos para nossa vida tudo aquilo em que pensamos. Por meio dos nossos pensamentos, das nossas atitudes, das nossas orações e, acima de tudo, de acreditarmos que Deus nos brinda com Suas bênçãos, nossa vida se torna plena e mais feliz;

MÚSICAS EDIFICANTES A boa música desenvolve a mente humana e promove o equilíbrio, além de nos proporcionar um estado agradável de bem-estar. Escolha músicas que promovam a sua aproximação com Deus, ouça-as e as cante regularmente e com amor no coração;

UMA BOA CONVERSA CONSIGO MESMO Pessoas que conversam consigo mesmas de maneira positiva e estimulante têm mais sucesso, mostram maior segurança pessoal e são mais felizes. Conversar consigo mesmo ajuda a conhecer melhor a si próprio e decidir de maneira mais adequada no seu dia a dia;

ALGUNS MINUTOS DIÁRIOS PARA NÃO PENSAR EM ABSOLUTAMENTE NADA Deixe seus pensamentos irem embora. Não os prenda em sua mente. Permita que eles passem e sigam seu caminho. Aos poucos você vai perceber, entre um pensamento e outro, um espaço, uma espécie de região onde reina a sua paz. E é nesse local que você vai perceber claramente a presença de Deus na sua vida;

LEITURAS DE BOA QUALIDADE Habitue-se a ler materiais de boa qualidade e edificantes. Em especial, procure ler a Palavra de Deus e pedir a Ele para que o oriente e lhe dê discernimento e o ilumine para que você continue a buscar leituras que o ajudem a se fortalecer na sua fé e encontrar dentro dela as respostas que você busca.

Alguns alimentos para o seu espírito:

ORAÇÃO Mesmo que você não tenha muita intimidade com Deus, ore. Orar vai trazer-lhe muita paz e ajudá-lo a enxergar coisas que hoje você ainda não vê. Aos poucos você vai perceber que Deus realmente escuta as suas orações. Você vai sentir a presença Dele na sua vida;

FÉ Discipline-se a buscar a sua fé. Porque para ter fé você precisa sim ter disciplina. A fé não é um dom nosso, é um dom que vem de Deus. Então, temos que buscar por ela. Coloque a sua disciplina para trazer a sua fé. Habitue-se a pedir Deus que aumente a sua fé a cada dia;

GRATIDÃO Ser grato nos traz benefícios físicos, mentais, emocionais e espirituais. Adote uma atitude de gratidão por tudo e por todos. A gratidão nos ajuda a sermos mais positivos, a aproveitar os bons momentos da vida e a lidar melhor com os problemas. Ser grato nos protege da inveja e do ressentimento. A gratidão melhora a nossa saúde e nos ajuda a construir relacionamentos mais fortes;

GENEROSIDADE Ser generoso é ser útil e dedicado a outra pessoa. Quem é generoso é nobre, desprendido e sabe compartilhar, dividir. A generosidade alimenta a paz interna e contribui para o bem-estar alheio. Em diversas passagens da Bíblia encontramos louvores à generosidade: "quem é generoso será abençoado, pois reparte o seu pão com o pobre" (Provérbios 22:9); "o generoso prosperará; quem dá alívio aos outros, alívio receberá" (Provérbios 11:25); "em tudo o que fiz, mostrei-lhes que mediante trabalho árduo devemos ajudar os fracos, lembrando as palavras do próprio Senhor Jesus, que disse: 'há maior felicidade em dar do que em receber'" (Atos 20:35).

AUTOCONHECIMENTO Para chegar ao equilíbrio físico, mental e espiritual que buscamos, é preciso antes de tudo conhecer a si mesmo. O processo de autoconhecimento é uma das principais ferramentas para atingir o sucesso, tanto profissional quanto pessoalmente. É preciso responder para nós mesmos uma série de perguntas de cunho íntimo e pessoal que nos levem ao autoconhecimento, de modo a descobrimos claramente quais são as nossas motivações, crenças e valores e de que forma estes elementos favorecem ou dificultam a nossa jornada.

IMPORTANTE: a prática da boa alimentação - física, mental e espiritual - tem que ser diária. Não adianta pensar que o que você ingeriu ontem vai servir para a próxima semana, ou para o resto da sua vida. É preciso ter a consciência de manter diariamente os cuidados com sua alimentação, para que isso se torne um hábito e para que esse hábito permeie toda a sua vida.

BUSQUE O EQUILÍBRIO

O equilíbrio mantém todas as coisas em perspectiva, sem que nada fique mais obscuro ou em maior evidência. No equilíbrio, o peso é igualmente distribuído. Quando estamos equilibrados, nós nos sentimos muito abençoados, não ficamos estressados e nada fica faltando ou sobrando.

No meu processo pessoal em busca de conquistar o equilíbrio, tive altos e baixos e muitos desafios a enfrentar. Primeiramente, eu havia saído de uma vida completamente sedentária e sem regras alimentares diretamente para outro estilo de alimentação, extremamente restritivo. Durante todo esse período, eu não conheci o equilíbrio, pois ou eu era extrema para o lado negativo ou para o "positivo".

Nenhum extremo faz bem, seja ele para qual lado for. O excesso sempre esconde alguma falta. Todo extremismo engatilha guerras, sejam elas internas ou externas.

E comigo não era diferente. Eu tentei por muitos anos ignorar o fato de que não precisava cuidar da minha saúde, pensava que tinha muita "sorte" e nada iria me acontecer. Até o dia em que os meus exames físicos mostraram que, apesar de muito nova, eu estava com o colesterol altíssimo, com várias pedras nos rins, fadiga e com um percentual de gordura muito alto, que se camuflava atrás da minha falsa magreza.

Foi aí que me "caiu a ficha" e acordei para o fato de que precisava me cuidar ou a conta de todo esse descaso comigo mesma iria chegar.

O problema é que, quando tive esse clique de mudança, eu não tracei um plano para viabilizar minha proposta de me cuidar melhor. E fui vivendo dia após dia, sem saber onde eu iria parar. E, é lógico, fui parar no outro extremo.

Obviamente, eu tinha metas quanto à minha nova alimentação, mas não estabeleci um limite de onde eu deveria parar e como deveria monitorar minhas atitudes. E quando dei por mim estava vivendo de maneira completamente restrita, privando-me até mesmo das coisas mais básicas e essenciais, como, por exemplo, de muitas frutas.

Comportamentos compulsivos ou extremistas levam sempre a excessos em nossa vida e, por isso mesmo, devem ser reavaliados com frequência. No meu caso foi assim. Eu nunca estava satisfeita. Apesar de todo meu esforço, de toda minha dedicação, eu sempre queria mais. Isso me tornava uma pessoa angustiada e muitas vezes frustrada. A carga era pesada demais porque nada do que eu fazia era suficiente para atender à minha demanda exagerada.

Tornei-me uma pessoa saudável, no que diz respeito a hábitos alimentares e atividade física, porém o exagero afastava a saúde buscada. Minha mente estava sempre ansiosa e criei uma dependência grande e desnecessária da minha autoimagem.

Somente no dia em que me libertei dos meus dogmas e conflitos internos, percebi a importância de vivermos com equilíbrio.

A busca pelo equilíbrio deve ser organizada e frequente. Vou usar um exemplo simples, para fins ilustrativos e de comparação: quando um carro se encontra "fora de eixo", ou desbalanceado, é necessário levá-lo a uma oficina para que seja ajustado, com o uso de ferramentas adequadas. Para balancear cada roda é necessário usar peças de chumbo, para que ela entre em harmonia com o conjunto mecânico todo.

Agora imagine que você é o próprio carro e sua vida anda fora do eixo. Você precisa parar onde está e investigar qual roda (ou que âmbito) da sua vida necessita de um balanceamento. E então pode tirar ou colocar "chumbos" onde estiver faltando ou sobrando. Toda carga que se torna pesada demais, em qualquer âmbito de nossas vidas, em desproporção aos outros, rouba-nos o equilíbrio. Isso significa que pessoas e relacionamentos tóxicos, sentimentos mal resolvidos, sonhos adormecidos, falta de amor próprio e de autorreconhecimento e etc. nos desequilibram, tiram-nos do nosso eixo. E, a partir daí, precisamos proceder às necessárias correções.

Afinal, quem não quer ser saudável? É pouco provável que exista alguém que se conforme em "estar doente" - isto é, fora de equilíbrio e de harmonia, em qualquer que seja a área de sua vida. Queremos manter uma condição que nos permita crescer psicológica, física e espiritualmente. Queremos manifestar em nossa vida toda saúde que Deus nos deu quando nos criou.

O conceito real de boa saúde não é algo novo, inventado pelos homens, ou que varia de acordo com os modismos de cada época. A boa saúde precisa sempre ser vista como um sinônimo de completude e plenitude, alcançadas por meio de boa condição física, mental e espiritual. Isso é o que significa ser equilibrado - é humanamente impossível sermos saudáveis de verdade sem que alcancemos esse equilíbrio.

Quero compartilhar alguns princípios essenciais para uma vida mais equilibrada e saudável - talvez você já conheça alguns, ou todos eles, mas ainda não se tenha dado conta da importância de aplicá-los no seu dia a dia:

- Oferecer e pedir perdão;
- Viver uma vida cheia de alegria;
- Manter relacionamentos saudáveis e amorosos;
- Descobrir o propósito de Deus para a sua vida;
- Ter um coração leve e bondoso;

- Não se posicionar como vítima;
- Ser paciente e ter fé.

Acrescente agora a esses princípios algumas atitudes que vão ajudar muito quando você passar a usá-los usar diariamente:

- Cuide de sua vida da maneira como você quer e merece ser cuidado;
- Passe mais tempo com as pessoas que você ama, desenvolva sua fé, aposte nos seus talentos e dons;
- Troque palavras negativas pelas positivas;
- Alimente-se bem, mas sem neuras, lembrando apenas que tudo em excesso faz mal;
- Pratique atividade física constantemente;
- Não se cobre mais do que você pode dar;
- Reconheça seus méritos;
- Reavalie as suas prioridades, as suas atitudes e os seus compromissos consigo mesmo;
- Organize sua vida financeira: não gaste mais do que tem e não acumule mais do que precisa - e isso se aplica a tudo em sua vida;
- Seja mais generoso com o próximo;
- Limite ao mínimo necessário o seu tempo gasto com as coisas que lhe fazem mal. Isso inclui também o seu tempo nas redes sociais;

Lembre-se sempre de que coisas pequenas e bobas são capazes de nos tirar do nosso eixo. Somos vulneráveis e tudo, o tempo todo, pode roubar a nossa paz e nos tirar do equilíbrio em que nos encontramos. E é nessas horas que precisamos ter todos esses conceitos e orientações alocados em algum lugar de fácil acesso em nossa mente, para que possamos empregá-los em nossa vida a qualquer momento, de modo a manter um equilíbrio saudável.

Para finalizar este assunto, costumo dizer sempre que a melhor maneira de recuperarmos o nosso equilíbrio, em qualquer situação, é fazendo a nós mesmos a seguinte pergunta: "o que Jesus faria nessa situação?". Pergunte e a sua resposta virá!

Quero deixar aqui algumas sugestões de avaliações que você pode fazer para buscar ser uma pessoa ainda mais equilibrada e saudável. Elas me ajudam muito no dia a dia e, ao usá-las com diligência e fé, tenho certeza de que farão o mesmo por você:

- Avalie sempre como anda a sua saúde física, mental e espiritual;
- Perceba quais são os princípios de saúde que você precisa aprender e implementar na sua vida;
- Preste atenção em quais regras você anda quebrando e com relação às quais precisa se policiar;
- Perceba qual é o aspecto da sua vida que pode ser considerado o mais equilibrado de todos;
- Avalie também em que aspecto você tem sido mais desequilibrado;
- Pense em sua vida e responda à pergunta: se houvesse um único passo mais importante que eu pudesse dar agora, qual seria ele?
- Olhe para si mesmo e perceba qual é o tamanho da sua fé;
- Trabalhe forte, com determinação e fé, sentindo-se totalmente merecedor do sucesso.

ACREDITE NO SEU PRÓPRIO POTENCIAL

As coisas que você não consegue fazer são, em última análise, aquelas sobre as quais se convenceu de que não tem capacidade de executar. É simplesmente uma crença que você aceitou como verdadeira. Sua capacidade real vai muito além daquilo que a sua mente acredita.

O dicionário define "potencial" como um conjunto dos recursos de que uma atividade dispõe. Tem também a ver com capacidade de trabalho, de produção, de ação. É relativo à potência, ou poder de realizar. Ao mesmo tempo, o termo também denota certa incerteza, pois nos fala de algo que está apenas em potência, ou seja, denota apenas uma possibilidade - que pode ou não se concretizar.

Em termos do que estamos tratando aqui, podemos entender que temos inúmeros recursos e ferramentas dentro de nós mesmos para alcançarmos nossas metas. Mas nossos resultados vão depender de manifestarmos esse potencial na vida real.

Nosso potencial está diretamente relacionado ao nosso poder de execução, de fazer acontecer, à nossa força de vida. Essa força nos foi concedida desde a nossa concepção, quando ainda estávamos no ventre materno. Ora, se não fosse a nossa força e o nosso potencial para a vida, sobreviveríamos desde a fase de pequenos embriões até chegarmos onde estamos?

É a isso que chamo de potencial para a vida. Isso é a nossa força e a nossa habilidade nata de fazer acontecer o que queremos realizar - não necessariamente com relação aos demais e sim com relação a nós mesmos.

É importante deixar claro o significado da palavra "potencial", para que fique mais fácil compreender o real sentido desse recurso em nossa vida. Não basta dizer que alguém tem potencial, ou querer acreditar que você mesmo o tenha, se não compreendermos o significado profundo desse fato.

Acreditar no seu potencial significa acreditar que você é "um pacote completo", no que diz respeito a cumprir o seu papel na vida: você não nasceu apenas com membros, órgãos e sistemas que funcionam de forma organizada e correta para que continue vivo. Você nasceu também com habilidades, capacidades e talentos únicos, que lhe dão uma individualidade no universo e, mais do que isso, tem a possibilidade de usar tudo isso a seu favor e a favor do mundo.

E é aqui que entra uma questão fundamental: estamos falando que você tem a possibilidade de vencer, que é um "vencedor em potencial". Quando falamos em "potencial vencedor", estamos falando de uma possibilidade existente. Mas o que realmente fará de você um verdadeiro vencedor? É simples: primeiro, acreditar nesse potencial; segundo, colocar em prática esse potencial.

Infelizmente ainda existem muitas pessoas que dizem não terem talento para coisa alguma, que "não servem para nada" e nunca vão conseguir atingir o sucesso. Isso é o que define um quadro muito comum hoje em dia, chamado vitimização. Ao diminuir seus talentos e habilidades ou ainda negar que eles existem, a pessoa entra naquele estado clássico de "vítima de si mesma", aniquilando todas as possibilidades de tornar-se sua própria aliada nas conquistas que deseja atingir na vida.

Sempre digo que, apesar de não sermos produtos à venda, é sempre válida a seguinte analogia: nós pagamos o preço por um determinado produto na prateleira do supermercado de acordo com o que está descrito na etiqueta - nem mais, nem menos. E é assim que funciona com o nosso valor real e o nosso potencial. Não adianta querermos cobrar que as pessoas reconheçam o nosso valor, se colocamos o preço na etiqueta bem abaixo do que valemos. Não dá para querer que os outros nos valorizem quando nós mesmos estamos nos diminuindo e nos posicionando de modo desvalorizado. Afinal, existe um velho ditado, que vem de uma máxima de François de La Rochefoucauld, escritor e moralista francês, que diz: "se eu não acreditar em mim mesmo, quem irá acreditar?"

Ter potencial é ser capaz de gerar mudanças, de realizar algo no mundo. Nossa potência gera energia, constrói resultados, cria movimento. Não se trata aqui de uma questão de alimentar o nosso ego e nem mesmo de nos tornarmos soberbos, mas apenas de termos o cuidado de não subestimarmos nosso próprio potencial.

Não ajuda em nada se não acreditarmos nisso e menosprezarmos a nossa capacidade. Quando negamos a existência de nossas capacidades, que são as raízes dos nossos talentos, estamos assassinando o nosso potencial.

Quanto mais alimentarmos nossa mente de pensamentos como "eu não sou capaz" ou "eu jamais conseguirei chegar onde gostaria", mais estaremos inconscientemente afirmando a nós mesmos que não realizaremos coisa alguma.

Estimular sua crença no próprio potencial deve ser um exercício diário, que deve começar dentro de sua casa, ou seja, com você mesmo, em seu próprio interior. Não adianta querer convencer ninguém de que tem potencial para fazer uma determinada coisa se você mesmo não crê nisso.

Há pessoas naturalmente dotadas de baixa autoestima, por uma série de questões já vivenciadas por elas, como traumas, más experiências, problemas de criação, valores pouco motivadores, e assim por diante. Mas mesmo essas pessoas são capazes de trabalhar de maneira profunda em sua capacidade de acreditar genuinamente em seu potencial.

Tudo depende da forma como escolhemos nos posicionar. Podemos ser vítimas do acaso ou vitoriosos. Podemos ser esforçados ou preguiçosos. Podemos ser crédulos ou incrédulos.

O meu processo de acreditar no meu potencial não foi muito diferente do que acontece com a maioria das pessoas. Só que escolhi me posicionar como alguém capaz e merecedora de alcançar triunfos e lugares mais altos nesta vida. Mesmo quando ninguém acreditou em mim, eu escolhi acreditar em mim mesma, pois entendi que não podia depositar o rumo do meu futuro nas mãos de outrem. Porque o outro não irá se responsabilizar por nossa vida - e nem nos interessa abrir mão dessa responsabilidade.

Lembro-me bem que em 2009, morando em Orlando, consegui uma oportunidade para trabalhar no Banco do Brasil. Foi então que minha vida começou a dar uma guinada, porque passei a me sentir um pouco mais realizada profissionalmente e estava me sentindo mais útil também.

Eu queria continuar crescendo e aquela era a primeira oportunidade boa que estava tendo. Antes eu trabalhava praticamente só para pagar as contas e tapar buracos. No banco não. Lá eu tinha uma oportunidade de verdade de crescer profissionalmente.

Quando comecei a trabalhar naquele emprego no banco, meu cargo era o mais básico que havia. E de tanto eu insistir que era capaz de fazer algo maior que aquilo, fui promovida. Apesar das inúmeras dificuldades, superei os desafios e continuei me superando a cada dia.

No início, eu praticamente arquivava pastas, organizava tudo por ali e dava entrada de dados no computador. Mas eu sentia que podia fazer mais pelo banco.

Um dia chamei meu gerente e disse a ele que eu tinha cursado Direito no Brasil e que poderia ajudar com os contratos do banco. Ele me deu um contrato de locação de um gerador que o banco tinha alugado e me pediu que analisasse e fizesse alguns comentários.

Levei o contrato para casa e passei o final de semana lendo e estudando o material, pesquisando na internet, analisando tudo, para poder fazer os meus comentários e garantir que eles fossem pertinentes.

É óbvio que eu não sabia muitas das coisas que estavam envolvidas naquele contrato e tive que aprender tudo naquele fim de semana. Mas quando quero algo, faço acontecer. E eu queria muito mostrar que tinha competência para subir no banco e fazer mais pela instituição - e pela minha carreira, é claro.

Na segunda-feira, cheguei toda empolgada no banco, entreguei o contrato para o gerente e falei para ele que eu tinha estudado muito o material e que tinha feito alguns comentários. Deixei isso claro, para ele saber que os meus comentários não tinham simplesmente caído do céu, que eu tinha me esforçado muito para fazer aquele trabalho.

Aquele contrato com os meus comentários ficou ali na mesa dele por quase um mês. Não sei se ele estava sem tempo de ler, ou o que foi que aconteceu, mas não me aquietei, não me conformei, não fiquei na minha zona de conforto. Todo dia eu cobrava dele que visse o meu trabalho e me dissesse o que achava da minha análise e dos meus comentários.

Um dia ele pegou o contrato para ler e gostou do que eu havia feito. No dia seguinte, ele me chamou e disse que a partir dali eu iria trabalhar no departamento de empréstimos a pessoas jurídicas do banco. Eu mudei de um departamento para outro, uma mudança brusca. Eu imaginava que fosse ganhar uma promoção, mas não imaginava que seria algo assim tão abrupto, sair do zero ao cem assim, de uma hora para outra.

Eu tinha batalhado muito por aquela promoção e então teria que fazer ainda mais para mostrar que estava capacitada para ela, para aquele novo cargo, e depois continuar subindo na minha carreira no banco.

Trabalhei lá por quase quatro anos e tinha plena convicção de que se tivesse continuado no banco eu iria crescer e ter um cargo muito bom. Mas mesmo sabendo do meu potencial e sabendo que ali eu poderia fazer um pezinho de meia, uma carreira profissional, desisti do emprego e resolvi investir em mim mesma.

Quando resolvi sair do banco para empreender, investir nos meus próprios negócios, em minha carreira na área da saúde, nos meus sonhos, que estavam foram daquele escopo, muitos colegas pensaram que eu tinha enlouquecido de trocar o "certo" pelo duvidoso. Lembro-me de que falei para eles que eu já havia feito isso antes, quando tinha 21 anos e saí do Brasil para morar nos Estados Unidos. Eu havia trocado o certo pelo incerto e me dei bem. Saiu como eu queria. E que se dependesse de mim iria continuar dando certo.

Quando pedi demissão daquele banco, não era porque não me achava capaz de continuar crescendo e assumir cargos maiores e de mais responsabilidade. Era simplesmente porque aquele sonho não era meu. Eu não queria seguir carreira como bancária, aquilo não fazia parte de mim e eu sabia que era algo temporário. Desisti do emprego de modo consciente e sem peso na consciência. Eu estava pronta para seguir um novo caminho e enfrentar novos desafios. E foi o que fiz.

Quando tomei a decisão de sair do banco e investir na minha carreira e na minha faculdade de Nutrição, tudo deu certo e tem dado certo até aqui porque acreditei em mim e acreditei nos meus planos, que nasceram de meus sonhos, e assim se tornaram realidade.

As vitórias que conquistamos são somente nossas, assim como são nossos também os fracassos. E quando assumimos isso com total confiança em nosso poder de realização, até mesmo aquelas pessoas que um dia não acreditaram em nós e no nosso potencial passarão a acreditar. Porque temos um imenso poder de persuasão quando determinada coisa faz total sentido para nós.

Meu potencial sempre fez sentido para mim. E se fazia sentido para mim, nada poderia impedir que ele fizesse sentido pelo menos para as pessoas que eu precisava que acreditasse nisso. E assim fui conquistando meu espaço. Não por imposição e nem forçando a barra, mas demonstrando que, antes de qualquer coisa, eu mesma confiava na minha capacidade de fazer a diferença.

Uma das principais atitudes que adotei para reforçar a minha crença e a confiança em mim mesma e no meu potencial foi investir no desenvolvimento dos meus talentos. Estudando, aperfeiçoando, praticando e falando constantemente de cada um deles. Em resumo, explorei o meu potencial e o transformei em ações que me levaram para a realização dos meus sonhos e me permitiram fazer uma diferença positiva no mundo.

E você? Como trata o seu potencial? Você o respeita, o reconhece, explora suas possibilidades, o transforma em ações dignas desse presente que recebeu de Deus? Um potencial inexplorado é um talento morto, inútil. Para entender melhor essa afirmação, responda à seguinte pergunta: quanto vale um tesouro no fundo do mar, onde ninguém pode alcançar? A resposta é: nada.

É assim com o seu potencial sem uso. Está dentro de você, mas ninguém o enxergará e nem poderá alcançá-lo, se não o colocar trabalhando a seu favor. E se ninguém enxerga e pode se beneficiar do seu potencial, que valor ele tem? Nenhum. E não estamos falando apenas de os outros não se beneficiarem desse tesouro. Em primeiro lugar, é você mesmo que não se beneficia do seu potencial, que o desperdiça e não tira dele todo o proveito que poderia.

Quando usamos como exemplo os maiores talentos que a humanidade já conheceu, como físicos, músicos, filósofos, teólogos, dançarinos e assim por diante, conseguimos perceber o significado de acreditar no próprio potencial e colocá-lo a serviço da humanidade.

Já que você tem todo o potencial que necessita para ter sucesso e fazer uma transformação positiva no mundo, o que lhe falta para colocar tudo isso em prática? Deixe-me dar-lhe algumas sugestões a esse respeito.

Não devemos esperar que ninguém acredite em nosso potencial. Somos nós que devemos acreditar nele. Nós somos a peça-chave nesse processo e não os outros.

Nada do nosso sucesso tem a ver com sorte ou acaso. É relativo a trabalho e ao uso de todas as ferramentas que compõem o nosso quadro de habilidades. Tem a ver com o uso correto de todo o nosso potencial.

Cada um de nós foi feito de modo maravilhoso, com talentos únicos. Há um Salmo na Bíblia que diz: "eu te louvo porque me fizeste de modo especial e admirável". Por isso, acredite no seu potencial, mesmo quando ninguém mais acreditar.

Para colocarmos isso tudo em prática, a parte fundamental é termos conhecimento do que somos capazes de realizar. Comece enumerando tudo aquilo que você faz bem e que o distingue de outras pessoas. É importante saber com que tipo de atividades você tem mais afinidade e habilidade. Por exemplo, um carro com tração nas quatro rodas é perfeito para trilhas e aventuras em estradas não pavimentadas. Já um carro esportivo, com um motor potente e mais baixo em altura, é excelente para estradas pavimentadas.

Quero deixar aqui algumas recomendações práticas. Pare um pouco agora e trabalhe nos seguintes pontos, se possível escrevendo suas conclusões:

- Liste as atividades em que você é excelente;
- Anote os prováveis destinos para onde seus talentos podem levá-lo;
- Escreva algo positivo sobre as suas três melhores habilidades;
- Responda à pergunta: para qual ocupação você se contrataria, caso fosse o seu chefe?
- Tenha sempre em mente as seguintes considerações:
- Lembre-se de que não adianta ter muitos talentos, se não soubermos, ou não quisermos, colocá-los em prática;
- É sempre muito mais fácil reconhecer o talento no outro do que em si mesmo;
- Nós fomos feitos à imagem e semelhança de Deus e Ele é o ser mais capaz do universo. É justo acreditar que tenhamos alguns atributos bastante positivos para usar nesta vida;
- Exteriorizar seus talentos e acreditar na sua própria capacidade possibilitará que se torne um instrumento eficiente nas mãos de Deus. Assim, poderá viver o melhor que Ele tem para você;
- Não confunda potencial e talento com vaidade e ego. Apenas os considere como realmente são: dons naturais vindos de Deus para que você seja o vitorioso que nasceu para ser.

REGUE A SUA PRÓPRIA GRAMA

A sua vida progride quando você gasta pouco ou nenhum tempo se preocupando com o sucesso dos outros.

O ser humano tem a grave mania de achar que a grama do vizinho é sempre mais verde, subestimando assim as suas próprias conquistas. Mas ele não leva em conta que, se a grama do vizinho é realmente mais verde, existe uma boa razão para isso. Em outras palavras, o que faz uma grama ser mais verde? O fato de a regarmos todos os dias e a tratarmos bem, de criarmos as condições para que ela se desenvolva plenamente. Se o vizinho cuidar melhor de sua grama, ela com certeza será mais verde.

A grama nesta nossa conversa faz alusão à nossa forma de viver, ou a certos aspectos de nossa vida. Se queremos que a nossa vida floresça e dê frutos, temos que cuidar dela com carinho e dedicação. É necessário que saibamos investigar com muita cautela quais são as áreas que precisam ser adubadas e regadas e tomar as providências necessárias. Simplesmente olhar e invejar as conquistas dos outros não vai nos levar a lugar algum.

O que nos leva a desperdiçar nosso tempo admirando a grama do vizinho e acreditando que ela é mais verde do que a nossa? O que causa esse comportamento é exatamente a nossa inversão de perspectiva, a nossa baixa autoestima, que faz com que nos enxerguemos pequenos demais diante dos outros. Se usarmos esse tempo para regar e adubar a nossa vida como um todo não teremos motivos para nos preocuparmos com a grama do outro.

O problema é que, culturalmente, vivemos numa sociedade bastante competitiva, em que acreditamos que o sucesso de um implica no fracasso de outros. E quando vemos o outro tendo sucesso, instintivamente acreditamos que os fracassados somos nós. Fomos condicionados a medir o nosso progresso não com base nas nossas próprias metas conquistadas, mas, sim, comparando-o com o progresso e o sucesso de outras pessoas.

A grande ironia é que embora a vida alheia sempre nos pareça bem mais interessante, normalmente a realidade não é bem essa. Afinal, nenhum de nós sabe tudo a respeito do outro, seja ele próximo ou não. Consequentemente, não sabemos qual é a real situação de quem quer que seja. O que aos nossos olhos pode parecer um paraíso na vida do outro, na intimidade dele só ele sabe as agruras que pode estar vivendo. Nem tudo são flores na vida de quem quer que seja.

Cada um de nós vive as próprias batalhas internas e ninguém mais faz a menor ideia do quão difíceis elas são. Mostramos ao mundo aquilo que nos é conveniente. Gostamos de impressionar. Mas todos temos problemas e dificuldades. Cada um de nós tem que atravessar seus próprios desertos.

Ao focarmos nossos desejos e aspirações naquilo que os outros têm ou são, caímos em uma grande armadilha, que nós mesmos montamos.

A origem de toda a frustração que nasce dessa situação é, sem dúvida, a inveja. Melhor dizendo, é a inveja sem limites. E quando digo "inveja sem limites", refiro-me ao fato de que ela também é um sentimento inerente ao ser humano, só que é algo que podemos controlar. Mas que, quando não domado, se transforma em algo corrosivo, que resulta em agressividade, raiva e depressão.

É bastante comum, inclusive, ouvir pessoas dizendo que estão com uma "inveja branca" de algum amigo. Esse é um termo usado para dizer que não se está com inveja, mas que, na verdade, muitas vezes serve para disfarçar a inveja real e doentia, a dor de não ter o que o outro tem.

Devemos ter consciência de que todos nós sentimos e iremos sentir inveja de alguém. Mas precisamos estar no controle desse sentimento, para que continuemos saudáveis, pois a inveja, assim como outros sentimentos negativos, leva ao adoecimento do corpo, da mente e do espírito. Essa é uma lição bastante antiga, que ainda custamos a aprender. Com efeito, em uma passagem bíblica existe, de maneira bem clara, a afirmação de que "onde há inveja e ambição egoísta há confusão e toda espécie de males".

Um ponto bastante delicado nesta questão é que a atual geração de indivíduos na nossa sociedade está muito mais exposta a esse tipo de problema do que as gerações passadas, pois as redes sociais facilitam a permeabilidade da inveja para dentro da nossa mente. Não é raro encontrarmos publicações na internet exaltando situações de sonhos e fantasias, portanto irreais, muito longe do que realmente nos é possível alcançar. Junto a elas, acrescentam-se elementos sugestivos que nos levam a crer que somos menos dos que os outros e merecemos menos na vida - gerando, invariavelmente, um sentimento de inveja sem solução.

Sem dúvida que as nossas comparações com o próximo são naturais, próprias do ser humano, mas elas precisam permanecer dentro um nível aceitável, para que sirvam até mesmo de elementos motivadores no nosso dia a dia. É importante termos no outro um ponto de referência saudável, pois é humanamente impossível viver em sociedade sem que esses parâmetros nos influenciem.

Quando essas comparações são feitas em exagero, tornamse patológicas. Devemos sempre ponderar as comparações com base em diversos fatores realistas e racionais. É preciso colocar a inveja exagerada de lado, para que possamos ter uma vida saudável e produtiva.

A inveja é um sentimento autodestrutivo e mantém a pessoa que a sente longe da verdade e da virtude. O invejoso, em geral, planta coisas negativas e colhe infelicidade, angústia e empobrecimento.

Para que não sejamos vítimas da inveja alheia, e também para que não caiamos nós mesmos em inveja dos outros, cabe a nós permanecermos no caminho da luz do mestre Jesus e, assim, não interromper a nossa caminhada rumo ao merecido sucesso.

Imagine que você é o jardineiro responsável por um imenso jardim, com muitas plantas diferentes. Pense e planeje cada atividade necessária para fazer esse jardim se tornar o mais bonito e especial que já existiu.

Agora aplique isso à sua vida: o jardim é a sua própria vida e cada planta nasceu de uma meta que você estabeleceu. Uma meta que se iniciou a partir de um sonho seu. Você acreditou nesse sonho, entendeu que não era impossível de realizar e estabeleceu suas metas. Cada meta equivale a uma semente no seu jardim e você as plantou usando as estratégias corretas, para que elas se desenvolvam e deem frutos.

Agora é preciso lembrar-se de uma coisa muito importante: se plantar maçãs, não deve esperar colher uvas ou melancias. Assegure-se sempre de estar plantando as sementes corretas, de acordo com as metas que você quer atingir e os sonhos que quer realizar.

Também é preciso manter o foco nos cuidados com o jardim, pois se esquecer de regar as plantas, ou de eliminar as ervas daninhas, tudo poderá ir por água abaixo. As ervas daninhas podem ser aquelas pessoas tóxicas que vivem ao seu redor, ou pensamentos negativos, falta de autoconfiança, preguiça, e tudo aquilo que o afasta das suas metas.

Quando supervalorizamos os outros, desvalorizamos as nossas próprias conquistas. E a decepção conosco é o pagamento que recebemos por esse engano.

É preciso usar adubos para que suas plantas cresçam saudáveis e deem muitos frutos. Esses adubos são o otimismo, a fé, os seus esforços e trabalho, o senso de merecimento e tudo aquilo que o aproxima ainda mais das suas metas.

Agora a parte mais importante: quanto mais atenção você der a esse jardim, maiores serão as chances de ele dar certo! Portanto, não perca tempo desviando o foco da sua grama e do seu jardim para observar o jardim do seu vizinho. Não se iluda. Cada um de nós enfrenta obstáculos e dificuldades e não devemos ajustar a nossa ótica com relação ao próximo de modo que só enxerguemos o lado bom das coisas. Tenha o próximo como referência, mas nunca como padrão absoluto de sucesso, em detrimento do seu próprio sucesso.

Lembre-se: a grama mais verde é a de quem mais cuida. Isso não quer dizer que você não pode olhar para o lado, mas saiba diferenciar observações despretensiosas de sentimentos como a cobiça e a inveja que, seguramente, o levarão ao fracasso em algum aspecto da sua vida.

Regue a sua própria grama, invista o seu tempo e a sua energia nos seus próprios sonhos.

CULTIVE A ESPIRITUALIDADE

Qual é o sentido da nossa existência? Essa pergunta nunca deixou de povoar a mente humana, não importa em qual época ou em quais circunstâncias se viva. A verdadeira resposta não faz parte deste mundo. Há uma sede insaciável em cada um de nós pela busca de compreensão e esclarecimentos que estão muito além do que as respostas que a vida material pode nos dar. E é aí que entra a validade e a necessidade de nos voltarmos para a fé e a espiritualidade.

Mas o que é a espiritualidade? Peter Block, escritor, consultor e palestrante norte-americano, em seu livro *Stewardship: Choosing Service over Self-Interest*, fala sobre escolher o serviço além do próprio interesse: "espiritualidade é o processo de viver um conjunto de valores pessoais profundamente arraigados, de honrar forças ou uma presença maior que nós mesmos. Ela expressa nosso desejo de encontrar significado naquilo que fazemos... Há em cada um de nós um desejo de investir nossas energias em coisas que têm importância".

Muitos estudos defendem também que aqueles que possuem conexão espiritual e mantêm um relacionamento com Deus, através da fé, podem viver mais do que os que não praticam a espiritualidade.

Lynda H. Powell, epidemiologista da Rush University Medical Center, em Chicago, revisou aproximadamente 150 literaturas e concluiu que as pessoas que praticam a espiritualidade apresentam um índice de longevidade 25% maior do que aquelas que não a praticam.

A fé é capaz de curar doenças da mente e do espírito e também aquelas do próprio corpo. Além desse fato estar mencionado na própria Bíblia, diversos estudos apontam que os indivíduos que professam uma fé religiosa, ou que estão conectados com sua espiritualidade, apresentaram melhora mais significativa na saúde, menos ansiedade e melhor função cognitiva.

Os estudos publicados no jornal online *Cancer, the Peer-Reviewed da American Cancer Society*, indicam que existe um vínculo significativo entre a religião, a espiritualidade e os resultados positivos dos pacientes.

Independentemente da forma pela qual nos conectamos com a nossa espiritualidade, é por meio dela que somos capazes de lidar de maneira mais leve com as adversidades, bem como desfrutar melhor das bênçãos que nos são oferecidas no nosso dia a dia.

Em pesquisa conduzida por John Salsman, Ph.D., na Faculdade de Medicina Feinberg da Universidade Northwestern, em Chicago, chegou-se à conclusão de que o bem-estar espiritual está associado a menos ansiedade, menor depressão e níveis mais baixos de angústia, o que favorece o quadro geral do paciente e trabalha a favor de sua recuperação.

O que causa tanto sofrimento entre as pessoas é que vivemos em um mundo tomado por desejos materiais e colocamos ídolos à frente do próprio Deus. Esses ídolos podem ser nosso trabalho, quando nos tornamos workaholics, o dinheiro, um relacionamento obsessivo, vícios, ou qualquer coisa que se coloque como elemento principal em nossa vida e nos faça deixar nosso Deus em último lugar, suprimindo nosso desejo de buscá-lo todos os dias e entendermos Seu papel supremo em nossa existência. É por isso que temos visto cada vez mais pessoas fragilidades, deprimidas, solitárias e inseguras - afinal, nada que vem deste mundo é capaz de matar a nossa sede espiritual assim como as coisas que vêm do Alto.

Estreitar nossa relação com Deus é a nossa salvação. Diz a Bíblia: "entrega o teu caminho ao Senhor e Ele tudo fará". A nossa verdadeira relação com Deus tem que ser baseada em confiança. O que nos levará, inclusive, a confiarmos mais em nossa jornada e naquilo que nos espera no futuro.

Allen Sherman, Ph.D. da Universidade de Arkansas para Ciências Médicas, em Little Rock, concluiu que quando olhamos mais atentamente, descobrimos que os pacientes com um bem-estar espiritual mais forte, com percepções de um Deus benevolente, ou crenças mais fortes, como a convicção de que Deus pode ser chamado para lhe prestar assistência, revelam melhor saúde, de um modo em geral, e maior capacidade de recuperação.

Não precisamos ver para crer. Basta sentir. Prova disso é o amor. Você já viu o amor? É claro que não. Nem eu o vi. Mas creio nele porque o sinto. E assim é com Deus. Ele é o próprio amor e só é preciso senti-lo para ter certeza absoluta de que existe!

Deus é a nossa principal referência e a Bíblia é o nosso manual de vida. Digo isso por experiência própria. Depois que me conectei com a minha espiritualidade, desenvolvi maior domínio com relação a diversos sentimentos que me "atrapalhavam" e me impediam de alcançar meu propósito. Tornei-me mais paciente e confiante e, além disso, compreendi que o nosso tempo nem sempre é o tempo de Deus - e que a maior prova de sabedoria e fé é aceitar a vontade Dele para nós. Essa consciência me ajudou muito a confiar mais nos desígnios de Deus e também perceber o poder da oração.

O Dr. Andrew Newberg, Diretor de Pesquisa do Centro Myrna Brind para Medicina Integrativa estudou o efeito neurocientífico das experiências religiosas e espirituais durante décadas. Suas pesquisas deixaram claro o fato de que a oração afeta positivamente a atividade cerebral, o sistema imunológico e a reação do corpo ao estresse. A oração também tem o poder de nos ajudar a alcançar um estado de consciência mental que nos coloca em maior sintonia com tudo aquilo que acontece ao nosso redor.

Não digo que estou isenta de problemas, pelo fato de estar conectada com minha espiritualidade, mesmo porque o evangelho nos desafia sempre - nós nunca recebemos a promessa de uma vida fácil e perfeita. Mas é exatamente aí que entra a questão mais importante: através da espiritualidade encontramos forças e otimismo para enfrentar nossos problemas - que são inerentes à existência humana e nos servem para estimular o nosso desenvolvimento.

Muitas vezes as pessoas me perguntam como é que eu faço para ter toda essa fé. Mas não se deixe enganar pelas aparências. Estou muito longe de ser a pessoa que tem a maior fé do mundo. Minha fé é falha como a de todo ser humano. Tem dias que acordo e o meu tanque de fé está vazio. Então eu falo "meu Deus, onde o Senhor está que não consigo alcançá-lo, não consigo chamar Seu nome, não consigo pôr meus joelhos no chão para orar?" Tem dias que eu não consigo localizar a minha fé.

Como eu faço? Eu uso a mesma disciplina que venho aplicando em minha vida durante todos esses anos, para buscar Deus da minha maneira, da minha forma, porque não existe nenhuma fórmula exata para fazer isso. Cada pessoa busca do seu jeito, mas sem dúvida alguma, a disciplina ajuda muito nessa tarefa. Você vai aprender a buscar Deus do seu jeito assim como busco do meu, no meu lugar secreto, dentro do meu coração, no cantinho do meu quarto ou no meu carro, ou onde quer que eu esteja. Mas em todos os casos, sem dúvida, temos que ter disciplina para acessar a nossa fé com constância e regularidade.

É preciso colocar disciplina nos seus atos para chamar a sua fé, para encher o seu tanque, para malhar o músculo da fé e o fortalecer. É um exercício diário, como tudo na vida.

Por isso não adianta muito uma pessoa falar que encontrou o equilíbrio, que se tornou espiritualizada, totalmente positiva e com a saúde em dia. Não é assim que funciona. Todos os dias precisamos fazer alguma coisa para que essa tríade - físico, mente, espírito - esteja em equilíbrio. Não adianta achar que o que você fez na semana passada, o equilíbrio que conquistou na semana passada, vai valer para o resto de sua vida.

Para mim, assim como para todo mundo, a vida não é um mar de rosas. Eu não vivo no paraíso, muitas vezes me sinto desmotivada, enfrento desafios no trabalho e como mãe, meu casamento, mesmo sendo uma benção, não é um conto de fadas perfeito, eu enfrento problemas como todo mundo. Gosto e falo muito da parte boa da minha vida para dar referências para as pessoas que se inspiram no que eu faço. Mas sou uma pessoa normal e também acho importante que as pessoas saibam disso, para que se tornem mais pacientes consigo mesmas, melhorem sua autoestima e lutem pelo que desejam.

Você tem que descobrir a sua forma de se colocar para cima a cada novo dia. Toda manhã é preciso sentar, respirar, entender que esse é um novo dia. E perguntar para si mesmo: no dia de hoje, o que eu posso fazer para ser mais equilibrado e ter a minha fé renovada?

Tenha sempre claro em sua mente que, da mesma forma como foi difícil para mim chegar a ter esta conexão que tenho hoje com Deus, para muitas pessoas também vai ser um trabalho árduo e vai levar tempo. Mas isso não quer dizer que elas devam desistir. É preciso ter o desejo de estar próximo de Deus e ter a disciplina para procurar por Ele.

Nunca é tarde demais para nos aproximarmos de Deus. Nunca é tarde demais para nos tornarmos a pessoa que nascemos para ser, aquela pessoa que Deus sonhou que fôssemos.

Com o tempo, a Bíblia se tornou meu mapa de vida, pois esse conjunto de escrituras sagradas nos provê orientações sólidas para vivermos com relevância e abundância e para que vivamos de maneira exemplar. Ela nos ensina a alcançar discernimento espiritual e os meios de consagração.

Gosto sempre de ressaltar que até mesmo a "complexidade" da Bíblia faz parte dos planos de Deus, pois Ele não quer nos ver na superfície desse conhecimento, mas sim que nos aprofundemos nesses estudos. Se tudo fosse "fácil" demais não teríamos que nos dedicar de maneira tão intensa, exigindo um maior comprometimento e dedicação. Jesus falava muito em parábolas e há uma razão nisso. Ele certamente não tinha a intenção de fazer a nossa caminhada mais complicada, mas sim despertar a vontade daqueles que realmente tinham interesse Nele. Pessoas desinteressadas não buscariam compreender as coisas que Ele ensinava, o que demonstra que, seguramente, Suas palavras jamais iriam frutificar nesse grupo de pessoas.

É preciso também esclarecer que a espiritualidade tem um campo extremamente vasto e não está conectada, de modo obrigatório, a dogmas e formalidades, no que diz respeito às diversas maneiras de adoração.

Existem formas variadas de saciarmos as nossas necessidades espirituais, como a oração, o estudo e a leitura da Palavra de Deus, dos louvores, de retiros espirituais e assim por diante. Deus não está somente e necessariamente nos templos lotados ou em lugares construídos para Sua adoração. Ele pode ser encontrado em lugares secretos e simples - por exemplo, de joelhos no chão dentro do seu quarto, no escritório, enquanto você dirige o seu carro, no avião, na fila do supermercado ou em qualquer lugar onde Ele for buscado com fé, em espírito e em verdade.

E é nessa relação de entrega e confiança que desenvolvemos nossa humildade e temor a Deus. Mas temer a Deus

“Filho meu, não te esqueças da minha lei, e o teu coração guarde os meus mandamentos. Porque eles aumentarão os teus dias, e te acrescentarão anos de vida e paz”.

PROVÉRBIOS 3:1-2

não significa ter medo, e sim ter respeito. O temor a Deus é um processo que coloca em perspectiva uma realidade bem maior do que nós mesmos e que nos faz compreender que a nossa realidade por si só é inexistente.

É nessa relação de entrega e confiança que percebemos que somos importantes para Deus. Sim, porque ao longo de minha jornada em busca da espiritualidade, conheci inúmeras pessoas que se diziam "não dignas" da presença de Deus. E isso é um erro doloroso e paralisante.

Todos somos dignos, desde que reconheçamos nossa pequenez diante da grandeza de Deus e da necessidade que temos Dele. A Bíblia diz que Jesus - que é o próprio Deus - não veio a este mundo para cuidar dos sãos, mas para curar os enfermos. Sim, Ele veio para mim e para você, que tanto precisamos Dele.

Sim, somos importantes nos planos de Deus. Cada um de nós tem uma missão. Essa missão é um chamado, dado por Ele, de acordo com os nossos talentos e na proporção de nossa fé. Ele é capaz de sondar o nosso coração e entender quais são as nossas limitações e, com base nisso, posiciona-nos em lugares estratégicos para que possamos servir ao próximo e crescermos de maneira proveitosa, ao mesmo tempo.

Somos uma "continuação" de Deus. Estamos todos em uma missão material - uma vez que o nosso espírito se materializa através da carne -, mas em busca de evolução, em direção a um propósito superior e divino. Não devemos plantar os nossos alicerces em coisas temporais e perecíveis e sim nas coisas que "não são coisas" - ou seja, nos assuntos e buscas espirituais. Amar a Deus é o princípio de toda a sabedoria.

Precisamos perseverar, com foco, sempre mantendo os olhos no alvo e sabendo que ao longo do caminho vamos enfrentar determinados obstáculos e não poderemos fraquejar. Precisamos ter resiliência, saber nos reerguer sempre, não deixar que os obstáculos nos causem pensamentos negativos, pessimismo, preguiça, desânimo, falta de motivação.

É uma batalha o tempo todo e temos que procurar reverter de alguma forma quando esses elementos surgirem. Quando chegar desânimo, precisamos dar a volta por cima. Se bater a preguiça, devemos procurar nos motivar de alguma forma. E assim por diante.

Também vai acontecer de muitas vezes entrarmos por portas erradas, simplesmente porque não sabemos tudo, não somos perfeitos, somos falhos, deixamo-nos levar pela ganância, pela empolgação do momento, por querer agarrar o mundo todo.

Sim, vamos errar e bater a cabeça um sem número de vezes, até acharmos o caminho que nos levará até o nosso objetivo, até o cumprimento na nossa missão real nesta vida.

É claro, cada um tem a sua forma e a sua técnica para conseguir se levantar depois de um tombo, de retomar depois de ter entrado pelo caminho errado, de se refazer depois de um baque da vida. Tem pessoas que conseguem se motivar lendo um livro, outras vão assistir palestras, outras escutam louvores, outras meditam na Palavra. Cada um encontra uma forma diferente, não importa qual seja, não importa quais sejam os meios, desde que o resultado o mantenha ali no trilho, no seu foco.

Particularmente, acho muito importante trazer o elemento da espiritualidade para esta questão. Cultivar a espiritualidade tem sido a melhor saída em minha vida, para todos os momentos, em especial naqueles em que sinto que certas situações estão além de minhas forças resolver. Sempre, não importa qual seja o meu objetivo, eu corro para o meu alvo primordial, que é Jesus. Eu corro para Deus.

Compreendo perfeitamente e aceito de coração que, enquanto estou aqui nesta vida, preciso me empenhar para fazer o meu melhor, em comunhão com meus irmãos, em uma sociedade colaborativa, e preciso trabalhar e ser próspera. Mas sei também que preciso antes de tudo colocar Deus à frente de minhas coisas, para que tudo o mais faça sentido e leve ao meu sucesso. A Bíblia diz "amai a Deus sobre todas as coisas", isto é, Ele tem de vir antes de tudo. Porque aí sim as coisas fluem melhor e tudo passa a dar certo na nossa vida.

É com base na minha experiência com o divino e em tudo o que tenho conseguido transformar e conquistar em minha vida por meio Dele, que quero sugerir a você algumas posturas que me ajudam a cultivar e expandir a espiritualidade:

- A única maneira de nos conduzimos para a espiritualidade é nos colocarmos no caminho. Mas o caminho não existe, porque nós o construímos enquanto caminhamos. Por isso, a Bíblia diz, muito sabiamente, que a fé vem do ouvir e do falar de Deus. A fé é que vai levar-nos aonde é preciso chegar. Só pela fé é que podemos pôr os pés na estrada e avançar. Como se diz, ter fé é dar o passo antes mesmo de Deus ter colocado o chão sob nossos pés;
- Busque a Deus diariamente. Converse com Ele como um amigo, um filho ou um irmão. Não procure formalidades para que essa conversa aconteça, assim como você não buscaria ser formal com alguém tão íntimo seu. Apenas abra seu coração e converse, como se Ele o pudesse escutar, pois na verdade Ele pode e escuta. A maioria das pessoas perde a oportunidade de descobrir e cultivar a espiritualidade pelo simples fato de não saberem como se achegar a Deus, pois o veem como alguém inatingível e, muitas vezes, rígido demais. Não restam dúvidas de que Deus é maior do que nós e está acima de qualquer um, mas isso não quer dizer que Ele seja inalcançável. Pelo contrário! Ele está mais perto do que

podemos imaginar e nos ama mais do que conseguimos mensurar. O livro de Apocalipse diz que Jesus está às portas, batendo. E que aquele que a abrir ceará com Jesus e Jesus com Ele. Ou seja, Deus faz questão da nossa presença. Tudo o que Ele quer é um espaço em nosso coração! Por isso, não tenha vergonha e nem se sinta indigno perante Deus. Comece a cultivar sua espiritualidade através da convicção de que Ele o amou mesmo antes de você existir e Ele o chamou pelo nome mesmo quando você ainda estava no ventre de sua mãe;

- Não seja como Tomé que precisou ver Jesus ressurreto para crer que Ele havia ressuscitado dos mortos. Quando Jesus apareceu para os seus apóstolos depois de ter ressuscitado, Tomé não acreditou que Ele estava diante de seus olhos. Quando Jesus lhe mostrou os furos que tinha nas mãos, finalmente ele creu que aquele era o seu Senhor. Nós não precisamos "ver para crer", pois é através da fé que alcançamos a certeza de que Deus existe, embora não possa ser visto ou tocado. Contudo, Ele se manifesta de diversas maneiras e quanto mais intimidade temos com Ele, mais poderemos percebê-lo ao longo de nossas vidas, nos mínimos detalhes;
- Quando falamos de fé, precisamos ter claro que é uma questão de buscarmos e pedirmos a Deus que aumente a nossa fé a cada dia. Nos dias em que você não consegue ter muita fé, ore com o coração aberto, dizendo "Deus, o senhor me conhece, o Senhor sonda o meu coração e sabe que hoje é um dia em que não estou conseguindo me apoiar na minha fé. Estou enfraquecido. Me ajude". Entregue esse fardo a Deus e faça o seu melhor naquele dia, sabendo que o dia seguinte será um novo dia e você vai acordar melhor e mais confiante e com sua fé renovada;
- É preciso cuidar e vigiar a cada dia, a cada momento. É preciso se disciplinar para estar alerta, buscando a sua fé e

enchendo o seu tanque de fé o tempo todo. "Vigiai e orai, para que não entreis em tentação; na verdade, o espírito está pronto, mas a carne é fraca" (Mateus 26:41);

- Procure conhecer o testemunho de outras pessoas que andam com Jesus. Muitas vezes somos surpreendidos por histórias profundas de pessoas que foram transformadas após cultivarem sua espiritualidade (eu sou uma dessas pessoas);
- Frequente grupos de oração e igrejas com as quais você se identifica e busque auxílio espiritual de líderes sérios e comprometidos com Deus. Não permita que a decepção com entidades religiosas específicas limite sua fé ou sua perseverança. Há pessoas que "brincam" com as coisas de Deus e não cabe a nós dar a elas um veredito. Cabe-nos apenas buscar ao Deus vivo e verdadeiro, independente das coisas "erradas" que porventura possamos ver dentro de igrejas ou até mesmo fora delas;
- Lembre-se: coloque suas expectativas primeiro em Deus e Ele não o frustrará. O coração do homem é corruptível, mas o coração de Deus não é. Quando buscar um templo ou uma célula de orações, não busque pelos homens, mas por Deus. Afinal, todos nós erramos e, eventualmente, alguém irá decepcioná-lo. Mas Deus jamais o decepcionará. Contudo, não deixe de acreditar que, sim, ainda existem muitas pessoas sérias e comprometidas pregando e escutando a Palavra de Deus;
- Peça ao Espírito Santo discernimento para que você possa crescer em Cristo, cada dia mais. A sabedoria é um dom de Deus e sem ela é impossível dar passos largos e assertivos rumo ao alvo. Busque sempre compreender a diferença entre aquilo que edifica e aquilo que destrói. Aprenda a desviar-se da aparência do mal e esteja sempre sensível à voz de Deus. Voz que nós, por costume, chamamos de "intuição".

Somos dotados de livre-arbítrio, o que nos dá o direito de querer ou não cultivar nossa espiritualidade. Muito embora Deus tenha nos criado seres espirituais, antes mesmo de nosso espírito se apropriar da matéria para existir na terra, nem todos reconhecem a nossa dependência do nosso Criador.

A corrupção do coração dos homens da igreja pode levar a um esmorecimento da fé dos fiéis. A religiosidade torta é um bloqueio extremamente sério, que acaba por afastar o homem de Deus. A religiosidade tende a endurecer os nossos corações com relação ao próximo. Prova disso é que a Bíblia menciona a palavra religião pouquíssimas vezes.

A religiosidade normalmente faz com que as pessoas se coloquem num patamar mais elevado do que as demais, sendo tomadas por uma falsa sensação de maior dignidade e merecimento perante Deus, por seu suposto conhecimento da "lei" (assim como faziam os fariseus, na antiguidade). Mas veja a diferença: conhecimento nem sempre quer dizer "cumprimento". Jesus veio para que a lei de Deus se fizesse cumprir e não apenas "conhecer".

A religiosidade é um véu que esconde a soberba e uma coleção inacabável de dogmas e julgamentos, que ocupam tanto espaço no coração do homem que não fica disponível nem um cantinho sequer para Deus.

TRANSFORME-SE

Somos moldados pelo meio em que vivemos, pela nossa cultura, pelas tradições, pelos nossos pais, vizinhos, pessoas com as quais convivemos, professores. Na infância, em especial, é que recebemos as influências que formarão grande parte do que somos na vida adulta.

Minha infância foi de muita luta, mas também foi pautada por um sonho intenso que eu tinha: morar nos Estados Unidos. Eu tinha muita vontade de estudar fora, desde pequena, só que não tínhamos condições financeiras de fazer o famoso intercâmbio que todo mundo faz. Cheguei a tentar algumas vezes pelo Rotary, mas foi negado. Mas eu nunca perdi as esperanças.

Eu já falava inglês, uma coisa de dom mesmo, sempre estudando sozinha, porque não podíamos pagar uma escola de inglês. Fui traduzindo letras de músicas, comprava livros usados no centro de Belo Horizonte e ficava no meu quarto estudando.

Na minha adolescência, sempre tive problemas com minha autoestima, fui muito insegura, principalmente devido às dificuldades que os meus pais enfrentaram no casamento. Aos 11 anos eles se separaram e a partir daí a vida ficou muito difícil, porque eu, minha mãe e meus irmãos tivemos que sair de casa e novos desafios foram lançados sobre as nossas vidas.

Por problemas financeiros e falta de pagamento, certa vez cheguei a ser barrada na escola. Vivi inseguranças e problemas emocionais justamente naquela fase de pré-adolescência, onde nossos sentimentos estão à flor da pele. Eu tinha o perfil daquela pessoa por quem talvez ninguém desse nada. Não tinha nenhuma característica evidente ou talentos, até então, de alguém que seguramente venceria na vida. Somente tinha uma vontade muito grande de alcançar o sucesso.

Comecei a trabalhar muito nova, com muita escassez, passando muitas necessidades, em todos os sentidos. Minha mãe não estava bem emocionalmente naquela época e foi muito difícil vê-la naquela situação e ter que ampará-la, mesmo eu sendo muito nova e sem ter a maturidade necessária. Eu não tinha as palavras certas para dizer para ela e só me restava ser amiga dela naquele momento.

Sempre fui muito sonhadora e dedicada e nunca desisti de meus sonhos. Nunca deixei de sonhar em ir para os Estados Unidos, nem deixei de acreditar que, apensar das condições limitadas que tínhamos, um dia seria possível.

Com 17 anos passei no vestibular de direito e entrei na faculdade com muito custo, com muitas dificuldades para pagar as mensalidades. Fiz a faculdade até o penúltimo ano, mas resolvi que iria sair para buscar o meu sonho de morar fora.

Ninguém acreditava que isso fosse dar certo, porque eu não tinha dinheiro, não tinha planos concretos, só tinha uma imensa vontade. E assim fui buscar os meus sonhos, acreditando que tudo aquilo que eu tinha projetado na minha cabeça durante muitos anos iria se concretizar. Juntei o dinheiro da passagem. Na verdade, minha mãe tinha um cofre de moedas e com ele conseguimos pagar as primeiras parcelas da passagem. Na época, vendi pulseiras de bijuteria na faculdade, vendi rifas, fiz o que era possível para juntar algum dinheiro. Brinco até hoje dizendo que eu tinha 500 dólares num bolso e muitos sonhos no outro.

Consegui tirar o visto americano e fui para Orlando em 2007. Foi um período difícil, porque saí completamente da minha zona de conforto e fui atrás do que eu queria, acreditando que iria dar certo, acreditando que eu tinha potencial e que o máximo que poderia acontecer era eu receber mais alguns "nãos" e passar por dificuldades. O que para mim, mesmo sendo tão nova, era totalmente superável. Que viessem as dificuldades. Afinal, eu estava a caminho de realizar o meu maior sonho.

Chega um determinado momento na nossa vida, quando atingimos a idade do discernimento, que percebemos a nossa capacidade de escolher o que serve para nós, dentre as tantas coisas que aprendemos e as influências que recebemos. E podemos decidir o que aproveitar e o que descartar porque já não nos serve mais. A partir daí, podemos provocar transformações em nós mesmos, de acordo com o nosso desejo e a nossa vontade.

Quando compreendemos que podemos estar agindo de acordo com um molde em que nos encaixaram, que não estamos sendo autênticos ou não estamos buscando o que realmente faz sentido para nós mesmos, podemos decidir por uma transformação na nossa vida.

O que significa transformar algo em nossa vida? Transformar é levar algo que está em determinado estado para outro completamente diferente. Parece óbvio, mas isso envolve certa confusão.

Muitas vezes tendemos a pensar em transformação somente pelo lado positivo, mas essa não é a única possibilidade, quando falamos em mudanças. É possível se transformar tanto para o bem quanto para o mal. As duas formas de transformação existem e tudo depende da maneira como se direcionam as vontades, os desejos, as atitudes e, acima de tudo, os pensamentos do indivíduo. O que nos interessa explorar aqui é essa transformação positiva, esse transformar-se em algo melhor a cada dia.

Transformar-se para o bem é sair do estado em que você se encontra, percorrer o caminho necessário, passar por todas as dificuldades envolvidas, todas as dores, fazer uma redescoberta da sua identidade e de tudo aquilo que mora dentro de si, e que é preciso resgatar para tornar-se uma pessoa melhor.

Essa é uma frase que adoro e que resume bastante essa ideia do processo de transformação. Para conseguirmos nos transformar positivamente, precisamos passar por todas as fases da nossa evolução dentro de um determinado processo. Muitas vezes essas fases envolvem dor, perdas, renúncias, luto e diversos sentimentos que tendemos querer evitar. Transformar-se exige coragem e determinação.

É preciso lembrar que em um processo de transformação as únicas limitações existentes e emergentes são aquelas que você cria e impõe a si mesmo. É preciso atrever-se a ser ilimitado, sair da prisão em que você se colocou e experimentar uma vida incrível e transformadora, que o espera do lado de fora da sua zona de conforto. Tudo aquilo que faz a sua vida mais interessante mora além da sua sensação de conforto temporário, da sua preguiça e do seu conformismo.

O primeiro e mais importante passo que dei em minha vida, para que eu me transformasse, foi a mudança de atitudes e, acima de tudo, reconhecer que realmente eu precisava mudar. Eu sabia que jamais chegaria a lugares novos com os mesmos velhos pensamentos e atitudes de sempre.

Nossas atitudes refletem na nossa vida como um todo, pois elas são a combinação de diversas ideias, valores, sentimentos, posicionamentos e hábitos que adotamos. Não podemos mudar apenas nossas ideias, para que as nossas atitudes sejam modificadas. Temos de mudar também todo o restante. Afinal, nossas atitudes são o resultado da equação que soma e multiplica todos esses elementos citados acima.

Percebi que não adiantaria também mudar apenas meus pensamentos. Eu precisava mudar meu comportamento e, com ele, tudo o mais. Entendi que um processo de mudança interna é literalmente um trabalho de reestruturação completa. Assim como temos que esvaziar nossa casa quando mudamos para outro lugar, temos que nos esvaziar por completo para poder colocar para dentro novamente apenas os elementos que são úteis e bem-vindos nesse processo de remodelação.

Nesse processo de nos remodelarmos não podemos ceder à cegueira espiritual. Precisamos remover as escamas dos nossos olhos, que nos impedem de ter uma visão mais clara a nosso próprio respeito e compreender que somos seres dinâmicos, em constante necessidade de autoajustes e adaptações.

Quando me encontrei em situações onde nada mais dava certo, percebi que a culpa não era do mundo e de ninguém além de mim mesma. Se nada estava dando certo, significava que eu já deveria ter feito alguma coisa para virar aquele jogo ou para, ao menos, sentir-me forte o bastante para reerguer-me. Entendi que transformações implicavam em enfrentar problemas de peito aberto e coragem em punho. E foram muitas as situações em que pude confirmar essa compreensão.

Uma das ocasiões mais marcantes foi quando fui mandada embora de um emprego de que eu precisava muito, nos Estados Unidos. Eu trabalhava em uma padaria, atendendo no balcão, mas também fazia faxina, limpava banheiro, lavava o chão, ajudava na cozinha. Entrava às seis horas da manhã nesse emprego e saia às duas da tarde. E às cinco horas eu entrava em outro emprego, onde eu trabalhava de hostess em um restaurante, arrumando as mesas, recebendo os clientes e também ajudando na cozinha. Não tinha praticamente nenhum dia de descanso.

Como os garçons normalmente ganhavam mais do que eu na posição em que estava, o gerente do restaurante me deu uma chance de ser garçonete. Era uma ótima oportunidade, porque as gorjetas eram boas. Mas no meu primeiro dia de "teste" como garçonete eu derrubei tudo o que carregava em cima dos clientes. Poderia ser cômico, mas foi trágico. Eu estava tão nervosa que deixei cair a bandeja e tudo o que tinha nela. Fiz uma lambança e fui mandada embora na frente de todo mundo.

Aquilo para mim foi uma tristeza muito grande, porque eu me culpava por ter jogado fora uma oportunidade de ficar naquele emprego, crescer, juntar dinheiro, ter estabilidade. Essa foi a minha primeira grande decepção nos Estados Unidos. Coincidentemente, estava passando por uma dificuldade financeira tremenda e meu aluguel daquele mês já havia vencido e eu não tinha expectativa nenhuma de conseguir pagá-lo.

Por muito tempo vivi assim, trabalhando muito, dormindo pouco e me alimentando mal, porque não tinha acesso a uma alimentação saudável. Mas a minha prioridade era trabalhar, ganhar meu dinheiro e fazer minha vida nos Estados Unidos dar certo. Então eu não reclamava de nada.

Acredito que as coisas que fazem a nossa vida interessante moram fora da nossa zona de conforto. Dentro da zona de conforto a gente se paralisa, não consegue progredir, não consegue enxergar mais do que um palmo à nossa frente.

A maioria das pessoas sofre de frustração na vida por conta disso, porque tem medo de sair da zona de conforto. Falta para elas o mais importante: a consciência do porquê querem e devem mudar, a disciplina para permanecer na mudança e o senso de merecimento e capacidade de transformação. Acabam desistindo no final porque falta a vertente mais relevante da transformação: a motivação baseada na espiritualidade. E elas não mudam nada nas suas vidas, porque ficam com pena de si mesmas.

E é aí que entra a parte fundamental a qualquer mudança: não se vitimizar. O segredo é posicionar-se de tal modo que você se sinta forte o suficiente para superar as dificuldades.

Eu nunca me posicionei como vítima e o fato de ter enxergado muitas oportunidades nas dificuldades me ajudou a construir uma catapulta que me impulsionou para importantes transformações em minha vida.

Sempre que foi preciso, joguei tudo no chão, para então construir de novo. Literalmente, esvaziei-me de mim mesma, de todos os meus conceitos, vaidades, traumas, ideias, sentimentos e pronto. Todas as cartas estavam na mesa, desembaralhadas. Era hora de reconstruir.

Encontrei, dentro de mim mesma, diversos elementos que já não podiam existir por ali. Dentre eles, pensamentos negativos e ideias falhas que me levavam a agir de maneira completamente incoerente com o sucesso. Tirei de dentro de mim a melancolia e a ansiedade, na medida do possível, e fui escavando até as camadas mais profundas do meu ser.

Essa não é uma tarefa fácil. Sim, isso requer muita coragem e tempo, mas vale muito a pena. Só o fato de reconhecermos nossa necessidade de mudar já é um excelente começo!

E isso não é algo para ser feito apenas uma vez na vida e pronto. Não! Estamos em constante busca e precisamos colocar nossas "certezas" à nossa inteira disposição para o questionamento. Só assim será possível que mudanças e transformações aconteçam em momentos oportunos. Temos que ter em mente sempre que a vida é dinâmica e nós também devemos ser.

Outro ponto a ser considerado, e devidamente enfrentado, é que as transformações em geral mexem com diversos sentimentos e incomodam demais. Além do mais, o ser humano tem uma tendência a resistir a tudo aquilo que o tira de sua zona de conforto, do seu eixo seguro, daquela eterna mania de querer que tudo fique bem, tudo certinho, tudo quieto no lugar onde está. Tudo o que nos tira desse nosso estado de espírito acomodado, nós tentamos evitar.

Costumo dizer para todos com quem me relaciono: esteja sempre desconfortável e não se contente com menos do que você merece. Seja grato pelo que tem, mas não pare de desejar e trabalhar por coisas maiores. Você pode ter a vida mais confortável do mundo, mas isso não significa que nela exista tudo aquilo que pode alcançar. Você merece o melhor e não apenas o "bom o suficiente". Apenas tome bastante cuidado para não confundir ambição com ganância.

Quando olho para trás em minha vida, percebo que eu poderia ainda estar fazendo as mesmas coisas de antes, porque, de fato, estava confortável. Mas o fato de eu ser inquieta me fez chegar onde estou agora.

Agradeça pelo que tem, mas lembre-se sempre de que nesta vida você vai poder ter muito mais, bastando que se faça merecedor. A luta é árdua, mas é extremamente gratificante.

As coisas que fazem a nossa vida interessante de verdade estão fora da área onde nos sentimos confortáveis. Dentro dela não conseguimos progredir, não conseguimos enxergar nem mesmo um palmo à nossa frente. A maioria das pessoas sofre de frustração na vida porque tem medo sair da zona de conforto.

O sofrimento, em especial, é um dos principais fatores que procuramos manter longe da nossa vida. Mesmo passando por grandes dificuldades, não tomamos atitudes que nos levariam a resolver a situação, porém à custa de algum sofrimento. E procuramos postergar essas ações, para evitar sofrer, ou pelo menos para deixar o sofrimento para um futuro o mais distante possível.

Esse é um grande erro, que nos impede de crescer como seres humanos. O fato é que precisamos viver todos os nossos sentimentos intensamente para que sejamos transformados de verdade.

De igual maneira, precisamos viver intensamente todas as estações, todas as fases da transformação, todos os nossos sentimentos, para que consigamos absorver o melhor que esses sentimentos nos tragam, para que possamos ser conduzidos a um estado de espírito mais elevado, conhecer as nossas fortalezas e as nossas fraquezas e aprender a lidar com cada uma das nossas características de modo a crescermos como pessoas.

Só conseguimos conhecer o que temos de melhor - e também de pior - quando somos submetidos a momentos de superação, a circunstâncias difíceis e obstáculos diversos. Para que a transformação que buscamos aconteça, precisamos enfrentar situações de adversidades e grandes tribulações em nossa vida, mas que no final contribuem para a nossa felicidade.

Adversidades são oportunidades. Obstáculos são o que nos fazem sair da inércia, na qual tendemos a ficar e com a qual não aprendemos nada. Nós não crescemos na inércia. É somente quando há uma necessidade de reação urgente que nos tornamos efetivamente ativos. É somente através de uma necessidade compulsiva de mudança que nos tornamos experientes. Adversidades desencadeiam reações e, ao reagirmos, podemos transformar a nossa vida.

Precisamos estar preparados para enfrentar essas situações de desafios e superação e nunca sermos omissos com os nossos desejos mais íntimos, que podem estar nos indicando a nossa essência e o caminho que nos é melhor seguir. Devemos viver intensamente cada um de nossos sentimentos e nos redescobrirmos mediante essas situações de dificuldades.

Quando conseguimos mudar realmente o que temos de ruim para algo melhor, quando encontramos e edificamos o melhor que existe dentro de nós mesmos, nós nos transformamos. Dessa maneira, conseguimos viver em paz com aquilo que somos e passamos a usar tudo a nosso favor e a favor do mundo. Com isso, podemos criar relacionamentos mais saudáveis e afastar pessoas tóxicas do nosso convívio. Podemos viver de modo mais tranquilo, com maior presença da felicidade no nosso dia a dia.

Depois de todas essas considerações, cabe aqui uma pergunta de suma importância para o nosso posicionamento diante da vida: qual é a direção da transformação que devemos tomar?

Nossa transformação deve ter especialmente um cunho espiritual, um objetivo mais amplo, precisa visar o bem maior, estender-se para além de nós mesmos. Precisa visar o benefício também para o mundo. Afinal, nossa missão aqui nesta vida envolve sempre a questão "o que deixaremos por aqui quando partirmos?".

Transformar-se significa, como vimos, redescobrir-se e resgatar o melhor que há dentro de nós e usar isso sempre para o bem, não só para o nosso próprio benefício, mas também para o mundo. Quando nos transformamos, nós renovamos e reacendemos a luz que nos acompanha nesta jornada. Mas é nosso dever também dividir essa luz com as demais pessoas que coabitam conosco neste mundo.

A Palavra de Deus diz que "de nada serve um lampião debaixo da cama. Nós precisamos ser uma luz que ilumina o mundo. Temos que nos colocar no alto da torre, para que a luz seja vista e ilumine outras vidas, ilumine o mundo".

Quando compreendemos que não estamos mais buscando o que realmente faz sentido para nós mesmos, é hora de proceder a uma transformação positiva na nossa vida.

Para nos transformarmos da maneira correta, adequada à nossa essência e à nossa missão de vida, é necessário, antes de tudo, entender o porquê de tal transformação.

Um processo de transformação sempre exige muito de nós e se ele não fizer um sentido profundo dentro de nossa mente e em nossa vida, seguramente esse processo não evoluirá.

Quando falamos em transformação estamos pensando em uma profunda mudança, inclusive e principalmente em termos espirituais, algo que vem de dentro de nós para fora e acaba refletindo na nossa vida como um todo. E com essa transformação acabamos por influenciar também a vida de outras pessoas.

Levando em conta todos esses detalhes e, de maneira bastante prática, dê o primeiro passo para a sua transformação: faça listas, por escrito, com os seguintes pontos:

- Liste tudo o que lhe faz falta nos aspectos pessoais, espirituais, profissionais e emocionais;
- Relacione tudo o que você gostaria que fosse diferente em sua personalidade;
- Escreva tudo de que abriria mão em sua vida (sejam atitudes, coisas, pessoas...);
- Liste tudo o que enxerga como obstáculos que o impedem de alcançar melhores resultados em todos os aspectos da sua vida;
- Faça uma lista de tudo aquilo que você mais admira no próximo;
- Relacione quais são os seus maiores medos.

Depois de escrever essas listas, analise cada uma delas e faça um balanço do que você deve eliminar, e do que deve buscar em sua vida. Tome a decisão de proceder a essas transformações e trace um plano de ação, para pôr em prática a sua decisão e tornar realidade tudo o que quer mudar em sua vida.

Lembre-se de que, para manter o foco nesse processo, será necessário que todos os dias você releia essas listas, analise o seu progresso quanto às suas mudanças, reveja seus planos e renove seu compromisso com as ações necessárias. Só assim você não permitirá que seus propósitos percam forças ou caiam em esquecimento.

Tenha consciência de que haverá um grande esforço envolvido nessa sua jornada de transformação e que cada pequeno detalhe, cada passo dado na direção certa, contará nos resultados de sua busca da sua grandeza pessoal. Então, fique atento a estes pontos:

- Esteja pronto para sair da sua zona de conforto e assumir as rédeas da situação. Lembre-se sempre de que toda transformação é incômoda e pode causar dor, mesmo que momentaneamente. Esteja preparado para isso;
- Não deixe para amanhã a dor que pode sentir hoje - vai "doer" de qualquer forma, então tome a decisão de agir prontamente, antes que você acabe desistindo e ficando dentro da sua zona de conforto;
- Não transfira para o próximo um dever que é seu: a sua transformação é algo pessoal e deve envolver apenas as suas próprias expectativas e objetivos;
- Transforme-se focando na melhor versão de si mesmo e não naquilo que é do próximo;
- A transformação não acontece do dia para a noite. Ela exige perseverança e dedicação. Seja paciente e dê tempo ao tempo. Transformar-se é um processo e, muitas vezes, pode ser um tanto complexo e demorar um pouco mais do que se espera;
- Libertar-se de atitudes e pensamentos que o impedem de transformar-se por completo é algo extremamente delicado e requer esforço e convicção naquilo que você está querendo. Então, não desista. Mantenha o foco nos resultados que busca e não nos problemas que precisa enfrentar;
- O desenvolvimento da nossa espiritualidade melhora a nossa conexão com Deus e aumenta a nossa capacidade de transformação de nós mesmos. Devemos cuidar para que nossas mudanças nos levem cada vez mais para algo que no cristianismo se chama "ter o caráter de Cristo". Isto é, devemos procurar imitar a Cristo o máximo possível, porque essa deve ser a nossa

referência, o nosso ideal a ser buscado. A Bíblia nos fala: "sedes imitadores de Cristo".

Transformar-se significa sair de dentro de si mesmo, quebrar a casca do ovo, sair do casulo. Não basta querer transformar-se, tem que agir e fazer acontecer.

A transformação de ser mãe

Uma das transformações mais poderosas na vida de uma mulher acontece quando ela se torna mãe. E eu não poderia deixar de contar aqui, para você, o quanto tornar-me mãe pela primeira vez me transformou. Quando minha filha Vicky nasceu, saí de dentro de mim para abraçar a vida dela.

Depois que eu tive a minha filha tudo mudou na minha vida. Eu conheci a forma mais genuína de altruísmo, a forma mais pura de amor, o verdadeiro significado da frase "eu morreria por você". Porque a gente diz isso tantas vezes para alguém que a gente ama, para o namorado, para o marido, para os pais, mas acredito que só morremos realmente por um filho.

A sensação de ficar grávida pela primeira vez foi muito mais do que a sensação de ser mãe. Como já contei neste livro, foi uma sensação de receber uma promessa de Deus dentro da minha vida, vinda para mudar tudo o que eu já conhecia até então sobre mim mesma.

Até os vinte e poucos anos eu nunca tive esse pensamento de ser mãe. Mas, de repente, uma chave virou na minha cabeça, casei com o Maguila e a sensação maravilhosa de casar com o homem da minha vida ficou tão nítida que naquele momento percebi em mim um desejo profundo e lindo de ser mãe dos filhos dele. E Vicky veio para inaugurar nossa vida como papai e mamãe.

Mas é claro que, como toda grande mudança em nossa vida, a maternidade tem ônus e bônus. É muita felicidade e completude, mas também muita responsabilidade, muitas dúvidas, muito a aprender.

Com a gravidez vieram inseguranças e medos que eu nunca tinha experimentado até então, perguntas sobre se correria tudo bem na gestação, se o bebê nasceria saudável e bem, como seria minha vida depois do nascimento da minha filha, se eu daria conta, se seria uma boa mãe, como eu iria educá-la, se iria ter grana para dar para ela tudo o que eu não tive. Todas aquelas coisas que toda mãe pensa.

A gestação foi ótima, continuei me exercitando, alimentando-me bem, adaptei-me a hábitos mais equilibrados, e quando a Vicky nasceu as coisas mudaram totalmente para mim. Eu nunca tinha tido um contato com um bebê recém-nascido e não sabia nem o que fazer. E foi uma bênção de Deus a tia Eva estar lá comigo nessa época.

Era uma coisa gigantesca para eu achar um meio de ser uma boa mãe de alguém tão pequenino e indefeso. Eu não sabia nada sobre isso.

Tive um trabalho de parto bem longo e doloroso, tive dificuldades com a amamentação, por aspectos fisiológicas e porque a Vicky também não era muito paciente. Eu ficava muito nervosa e não produzia leite suficiente, sentia-me um fracasso como mãe, incompetente, achava que minha filha nunca iria gostar de mim e que nós nunca iriamos conseguir desenvolver um elo de mãe e filha.

Se eu não tivesse conseguido vencer aquelas dificuldades, talvez eu tivesse passado por uma depressão pós-parto horrível. Tive sim um pouco de depressão, mas foi totalmente controlada porque eu sempre busquei dar a volta por cima em tudo e nunca aceitei não estar bem.

Como eu sempre dividia com meus seguidores nas redes sociais várias coisas da minha vida com relação à amamentação, eu recebi muitas críticas e até acusações de que eu não estava me esforçando o suficiente. Mas as pessoas não sabem o que era a minha vida naquela época e o que eu estava passando. E criticavam sem conhecimento de causa. Lidar com isso foi muito difícil para mim, porque eu já estava muito sensibilizada.

Foi difícil aprender a ser mãe, não porque eu não quisesse, porque eu amava minha filha e era dela que eu estava cuidando, mas porque eu nunca tinha tido um contato tão de perto com um bebê. Eu fazia tudo com prazer e amor, porque era para a minha filha, mas não posso negar que foi um período difícil.

Eu sempre tive um amor de mãe imenso pela Vicky, mas eu precisava aprender a ser mãe. Era muito comum eu olhar para ela no berço e perguntar: "meu Deus, como é que eu vou criar essa criança?". Foi sim um dos maiores desafios da minha vida e também um dos mais gratificantes.

Graças a Deus deu tudo certo e tenho me saído muito bem nessa tarefa, melhorando conforme o tempo passa e eu e Vicky aprendemos uma com a outra a melhor forma de vivermos juntas e nos amarmos.

Não sou uma mãe perfeita, isso nem existe mesmo. Apesar de algumas falhas, tenho conseguido me sair muito bem nessa questão da maternidade e hoje me encontrei e me realizo nesse papel.

Minha filha tem me ensinado muitas coisas. Ela me ensina todos os dias que dá para a gente ter uma vida normal, ter um emprego, ter sonhos, construir nossos sonhos, continuar sendo esposa, continuar sendo amiga, ser uma profissional, tudo ao mesmo tempo em que se é mãe.

Ser mãe é tarefa que foi acrescentada à minha vida, mas que nunca me atrapalhou em nada. Pelo contrário, só veio agregar e me ensinar muita coisa e me mostrar que eu sou capaz de me dividir em mil pedaços para fazer mil coisas ao mesmo tempo, porque ser mãe me dá energia e felicidade para tudo isso.

Hoje em dia eu faço meu mestrado, dou palestras, escrevo textos para futuros livros, trabalho com a minha plataforma de Coaching online, viajo muito a trabalho e a passeio, crio conteúdo para as redes sociais, escrevo para uma coluna, enfim, cuido de milhares de coisas ao mesmo tempo.

Sou uma mulher da vida real, uma mulher de verdade e além de tudo isso sou mãe 24 horas por dia. Tenho apoio de pessoas que nos ajudam a cuidar da Vicky, mas não o tempo todo, porque eu e meu marido fazemos questão de ser pai e mãe em tempo integral, de doar 100% do nosso tempo de qualidade para a nossa filha, para a educação dela, para que ela cresça amada. Sou grata por conseguir conciliar o meu trabalho com a maternidade, pois sei bem que isso não reflete a realidade de muitas mães que trabalham fora o dia inteiro. Mas o foco aqui não é a quantidade de tempo em horas que se tem para estar ao lado dos filhos, mas a qualidade do tempo e dedicação dos pais, dentro desses parâmetros.

E agora, com a minha atual jornada em tornar-me mãe pela segunda vez, posso sentir que ela será também muito transformadora para mim, para o Maguila e para a Vicky, mas de uma forma diferente do que a primeira foi. E acredito que quando essa bebê nascer vão haver muito mais transformações. O principal é que sempre haverá muito amor, fé e gratidão em nossas vidas.

ALCANCE E MANTENHA SUAS BÊNÇÃOS

Hoje sei que tudo aquilo que recebi e recebo da parte de Deus nada tem a ver com as minhas obras, mas sim com Sua infinita bondade e amor, que me salva das minhas próprias armadilhas.

Muitos creem que recebem as bênçãos de Deus por serem merecedores dessas dádivas. Mas não é assim que acontece, porque ninguém tem mérito suficiente para ser abençoado. Deus não nos abençoa porque fizemos algo que Ele gostou e então resolveu retribuir. Recebemos bênçãos tão somente pela bondade, pela misericórdia e o amor de Deus por nós. E, obviamente, porque nos tornamos gratos o suficiente para que essas bênçãos sejam liberadas em nossas vidas.

Podemos até não perceber, mas recebemos diariamente grandes bênçãos da parte de Deus, de maneira gratuita e mesmo sem merecermos. Ele despeja sobre nós Sua graça, Sua misericórdia, seu amor e perdão. Esses, na minha opinião, são os maiores presentes que podemos receber aqui na terra.

Para que tenhamos o cuidado de não nos vangloriarmos de nossos feitos, a Bíblia alerta e é muito clara quando diz que "não somos salvos pelas nossas obras, mas pela graça de Deus".

É possível que você alguma vez já tenha questionado Deus, perguntando algo como "por que 'o outro' recebeu tamanha bênção e eu, 'que sou tão bom', não recebi nem a metade?".

Essa é uma das razões pelas quais temos que estar consciente destes dois fatos:

- Bênçãos são presentes que recebemos gratuitamente de Deus;
- Não podemos achar que nossas atitudes irão "manipular Deus", de modo a aumentar a frequência e o tamanho das bênçãos que recebemos. Com Deus não se barganha.

É certo que quanto mais eu abençoo, mais abençoado me torno, quanto mais abençoado me torno, em mais grato me transformo. Porém é bom ter consciência de que, muito embora a nossa generosidade agrade a Deus a ponto de Ele nos abençoar ainda mais quando somos generosos, Ele o faz porque é bom e não porque nós somos merecedores. Está nas mãos Dele decidir quais e quantas bênçãos dirige a cada um de nós.

A Bíblia fala em retribuição, em Mateus 16:27: "porque o Filho do homem há de vir na glória de seu Pai, com os seus anjos; e então retribuirá a cada um segundo as suas obras". Mas é preciso compreender que retribuição é diferente de salvação ou merecimento. Receberemos nosso galardão quando for chegada a hora, mas isso não nos dá o direito de barganhar com Deus ou questioná-lo quanto às bênçãos que nos foram, ou não, concedidas. O que fazemos de bom nesta vida certamente somará pedras em nossa coroa no céu (será o nosso galardão na eternidade), mas jamais servirá como moeda de barganha de bênçãos com Deus e muito menos como um "vale-salvação".

Outro ponto, que para ser superado exigirá de nós mesmos mais humildade, tem a ver com quando nos comparamos com outras pessoas. O fato de nos julgarmos merecedores de receber mais do que os outros, com base em nosso próprio discernimento humano, coloca-nos numa posição de soberba e automaticamente nos afasta das coisas que Deus tem para nós.

Além disso, nesses casos esquecemos que na maioria das vezes só conseguimos perceber aquilo que os nossos olhos veem. O que Deus tem para nós é muito maior e mais estratégico do que as coisas que desejamos para nós mesmos. Porque Ele enxerga o macro e nós vemos apenas o micro, o trivial. Nossa visão é estreita e não nos permite avaliar muito além do que o nosso próprio ego deseja.

As bênçãos de Deus são presentes e jamais podem ser compradas, negociadas ou barganhadas. Por isso insisto tanto no fato de que absolutamente nada do que fizermos para "convencer" Deus a nos dar o que queremos irá adiantar. Outra questão é: será que tudo aquilo que estamos pedindo em nossas orações é essencialmente para nosso próprio benefício, ou beneficiará outras pessoas também?

Vivi esse dilema na própria pele. Já passei por situações em que testemunhei pessoas, que eu não julgava merecedoras de nenhuma bênção, receberem presentes da parte de Deus, enquanto eu ficava ali esperando pelas coisas que havia pedido, baseando-me em meu comportamento ou desempenho como ser humano e ser espiritual. Ora, isso não existe e não funciona dessa forma. Eu estava completamente errada.

Deus não nos abençoa com base em nosso julgamento de merecimento, mas com base em Seu infinito amor e bondade. Seguramente, Ele multiplica de acordo com a nossa capacidade de administrar essas bênçãos e abençoar outras pessoas - mas não é por mero merecimento que alcançamos o que pedimos a Deus e sim pela misericórdia divina.

Para que fique ainda mais claro este ponto sobre o qual estamos conversando, é muito importante entender que a nossa condição de não sermos "merecedores", mas ainda assim recebermos bênçãos através da misericórdia de Deus não anula o pré-requisito básico da nossa existência, que é o trabalho no bem e os nossos esforços por fazermos a nossa parte como autênticos e dignos filhos de Deus.

Não é porque Deus é bom e misericordioso que podemos sentar na sala de nossa casa de braços cruzados e esperar que bênçãos caiam do céu. Temos que lutar pelas nossas metas e essa luta deve ser diretamente proporcional ao tamanho delas. Afinal, o trabalho que fazemos nos estimula e permite crescer espiritualmente.

Quando insisto nessa questão de recebermos bênçãos porque Deus nos ama infinitamente e não porque ganhamos uma estrelinha dourada por bom comportamento, é para lembrá-lo de que Ele não tem filhos favoritos e não privilegia mais um filho do que outro. Com nossos olhos humanos até podemos enxergar dessa forma, quando olhamos para a vida dos nossos irmãos, mas insisto: Deus não tem filhos prediletos. Tudo que Ele concede é por amor e para despertar, renovar e reforçar a nossa fé.

Há uma frase da escritora e pastora norte-americana Joyce Meyer, embasada biblicamente, que resume muito bem isso: "nós recebemos pela fé e não pelas nossas obras". E a Bíblia diz ainda que "tudo aquilo que pedirmos com fé receberemos, para que a nossa alegria seja completa". E é aí que mora o grande segredo daquilo que recebemos como bênçãos de Deus. Devemos trabalhar sempre no engrandecimento da nossa fé.

Para criar uma realidade em que você se sentirá mais feliz e abençoado com cada pequena coisa do seu dia a dia, é preciso ter fé. E acreditar que acima do seu senso de "merecimento" está o amor infinito de Deus, que quer abençoá-lo dia após dia, não para que você se vanglorie disso, mas para que o nome Dele seja honrado e apreciado em seu coração e através da sua vida.

Para alcançar e manter suas bênçãos:

- Tenha fé;
- Seja grato pelas bênçãos que você já recebe diariamente (a sua vida é uma delas);
- Não se vanglorie pelo que você já alcançou, mas antes dê honras e glória a Deus, o autor da sua fé e Aquele que o concede as bênçãos;
- Peça a Deus em oração para que Ele lhe mostre tudo aquilo que o tem impedido de alcançar suas bênçãos, para que você tenha a possibilidade de mudar isso em sua vida. Muitas vezes uma atitude, ou pensamentos específicos, bloqueiam-nos de alcançar aquilo que Deus tem de melhor para nós;
- Consagre seus planos a Deus. Eu sempre digo que a mão de Deus está aberta e sempre no mesmo lugar (em todos os lugares), mas somos nós quem escolhemos ficar embaixo da mão Dele ou não. Porque Ele é um cavalheiro e não nos obriga a nada, pois não somos marionetes ou escravos Dele. Portanto, muitos de nós escolhemos "fugir" da presença de Deus, com atitudes e pensamentos que nos apartam Dele. Mantenha seu coração aberto, para dizer a Deus que Ele é sempre bem-vindo em sua casa;
- Abençoe outras pessoas por meio de suas próprias bênçãos recebidas. A Bíblia diz que "ao entregar a nossa vida, a acharemos de volta" - o que significa que ao abrirmos mão da nossa vaidade e não medirmos esforços para sermos canais de bênçãos para o próximo, encontraremos de volta a nossa própria vida e seremos ainda mais abençoados.

Para criar a sua nova realidade, mude sua mentalidade. Para alcançar e manter suas bênçãos siga mais estes conselhos:

- Se você vem tentando alcançar bênçãos com base nas coisas que fez, mude seu pensamento e ore para que Deus o abençoe com base naquilo que Ele separou para você e naquilo que realmente lhe importa. Pois apenas Ele pode sondar os desejos mais profundos do seu coração;
- Não "trave" a liberação de bênçãos em sua vida. Acredite: Deus tem muito mais para lhe conceder do que você imagina. Mas ao agir de maneira pessimista e se posicionar como vítima, como não merecedor dos cuidados de Deus, você estará automaticamente travando as portas que precisam ser abertas para que essas bênçãos o alcancem. Lembre-se: por conta da nossa essência pecadora, nenhum de nós é genuinamente merecedor, mas isso não nos priva das bênçãos divinas. Porque quando alcançamos algo é meramente pela bondade infinita de Deus e com base em nossa capacidade de administrar essas bênçãos de maneira sábia. Somos recompensados pelas nossas atitudes, mas não somos salvos por nossas obras, para que não nos vangloriemos e não deixemos que a soberba tome conta de nosso espírito;
- Seja como uma criança. A Bíblia diz que aquele que não se fizer como uma criança dificilmente herdará o reino dos céus. E quando Deus diz isso, Ele se refere à pureza e à humildade. Você já deu um presente a uma criança? A reação de alegria e contentamento é impagável, mesmo sem saber o que está ali dentro daquela embalagem. Minha filha muitas vezes acaba se divertindo mais com a caixa do brinquedo do que com o próprio brinquedo. Isso não seria possível sem a inocência, a humildade e a pureza. Ela não faz a menor ideia de valores monetários e por isso não classifica o valor de nada com base em preços. Ela apenas

aceita de braços abertos e brinca com os novos brinquedos, independente se um deles custou mil e o outro cem reais. Da mesma forma, não podemos classificar os presentes que recebemos de Deus, mesmo porque muitos deles possuem um valor imensurável e não cabe a nós - e nem temos essa capacidade - julgarmos o que é mais ou menos útil ou importante em nossas vidas;

- Nós sabemos o que queremos, mas Deus sabe o que precisamos. Parece clichê dizer isso, mas é a verdade. Já pedi muitas vezes por coisas que não precisava, mas que meu ego jurava ser necessário para minha vida. E, obviamente, não as alcancei. Hoje, tendo um relacionamento com Deus, entendo com bastante clareza que se eu tivesse recebido aquele pedido, minha vida poderia ter sido arruinada. Isso se dá devido ao fato de que nem sempre sabemos administrar certas coisas em nossa vida e Deus sabe disso, muito mais do que a gente poderia imaginar. Ele sabe que se nos der tudo o que queremos, vários campos de nossas vidas podem ser afetados pelo simples fato de não termos condições, como seres humanos, de administrar certas coisas;
- Deus não nos dá nada que saiba que possa nos corromper ou nos prejudicar. A Palavra de Deus diz que o homem tem o coração corruptível e essa é uma verdade absoluta. Não importa o quão bom pareçamos ser, corremos riscos de sermos corrompidos diariamente. Por isso, muitos de nossos desejos não devem ser atendidos, em certas circunstâncias. Isso não quer dizer que Deus não irá nos abençoar com aquilo que desejamos, mas Ele irá fazê-lo quando julgar que tal bênção irá nos fazer crescer e encontrar alegria e não nos desviar do nosso caminho. Um bom exemplo disso vem de Salomão, o homem mais sábio da história. Ele pediu o dom da sabedoria, quando Deus lhe deu a oportunidade de pedir aquilo que

mais quisesse. Deus sabia que Salomão não usaria sua sabedoria para o mal e por isso concedeu a ele seu desejo. De fato, a sabedoria inesgotável de Salomão edificou a vida de milhares de pessoas e tem edificado até hoje. Ele é o autor de um dos livros que mais gosto na Bíblia: Provérbios;

- Não sinta ciúmes ou inveja das bênçãos alcançadas por outras pessoas. Não as veja com olhos humanos, mas sim com olhos espirituais;
- Não seja mesquinho. A mesquinharia nos faz perder diversas bênçãos que Deus tem para nós.

Lembre-se sempre que "de quem muito recebe, muito será cobrado". Avalie se você está sendo um canal de bênçãos na vida de outras pessoas e, caso não esteja, procure ser. Isso é algo transformador, pois nossa missão aqui é servir e não sermos servidos. Nós somos abençoados para abençoar. Essa é a lei suprema da vida.

Não empilhe suas bênçãos numa prateleira, para sua própria contemplação. Pelo contrário, divida-as com as pessoas, para que a bondade de Deus seja melhor contemplada e compartilhada.

COMO CONQUISTAR O SUCESSO

Em primeiro lugar, vamos definir o que é sucesso dentro desta visão de vida em que estamos trabalhando.

O sucesso deve ser o resultado de um conjunto de ações; que nos traga a certeza da missão cumprida. Ele pode ser representado por inúmeros cenários, tais como conquistas nas áreas material, mental e espiritual, mas só é mesmo verdadeiro quando nos traz a paz.

Cultivar o sucesso significa dedicar-se à busca pelo equilíbrio em todas as áreas de nossa vida, para alcançar uma existência mais saudável. Somente uma vida com equilíbrio mental, físico e espiritual permite nos dedicarmos a assuntos mais profundos, a valores verdadeiros e ao que nos leva à plenitude.

Ser saudável significa lutar contra hábitos e pensamentos que fazem mal tanto para o corpo quanto para a mente e o coração. É conhecer a si mesmo e se transformar, de dentro para fora.

Digo isso porque há pessoas buscando falsos parâmetros para medir seu sucesso e até mesmo buscando por ele a qualquer custo, perdendo sua essência, abrindo mão de seus valores e passando por cima de outras pessoas. Isso não é ter sucesso. Isso é forjar uma situação insustentável e insaciável, que apenas parece uma vitória.

Ser bem-sucedido também significa transformar-se e voar alto em suas conquistas, porém sem tirar os pés do chão. Ou seja, é preciso continuar sendo quem você é em

O que fazemos para nós mesmos,
levamos para o túmulo.
O que fazemos para o mundo,
torna-se um legado!

essência e preservar tudo o que tem valor verdadeiro na sua vida. E essa é uma das partes mais desafiadoras e mais importantes do sucesso, independente da área sobre a qual estivermos falando.

O sucesso é algo que deve ser acompanhado de uma consciência de propósito pleno. Afinal, sem um propósito e sem haver clareza sobre ele, é humanamente impossível alcançar uma situação em que o sucesso seja real e legítimo.

Ter sucesso não significa ter fama, estar em evidência, ou ser mais do que os outros. Ser bem-sucedido significa realizar-se verdadeiramente em todos os aspectos de sua vida.

Uma pessoa pode ter sucesso em um relacionamento, mas ainda não o ter encontrado profissionalmente. Uma coisa não anula a outra. Contudo, para que o sucesso seja desfrutado plenamente, é importante buscá-lo em todos os âmbitos da nossa existência. Afinal, a falta de paz em um determinado campo da nossa vida afetará outros nos quais já o podemos ter encontrado.

Ser bem-sucedido não é algo que esteja necessariamente atrelado a dinheiro ou à posse de bens materiais. É possível e comum encontrar pessoas afortunadas, materialmente falando, e totalmente infelizes como seres espirituais.

Perceba que não estou dizendo que haja algo de errado com a prosperidade e a posse de bens materiais. Essa também é uma conquista válida, desde que esses bens não se tornem ídolos em nossas vidas, tomando o lugar de Deus em nossos corações. Lembre-se de que o dinheiro pode ser um excelente servo, mas sempre é um péssimo patrão. Por isso, achar que o seu sucesso depende do dinheiro vai contra tudo aquilo que Deus quer para nós. Ele nos deu talentos e propósitos, mas foi bem claro quando disse para buscarmos primeiro as coisas do reino dos céus e que tudo o mais nos seria acrescentado.

Eu nunca fui movida por dinheiro, apesar de saber que precisamos dele para sobreviver e que não é errado ter sonhos e ser materialmente prósperos. Sempre acreditei no meu propósito. O dinheiro para mim sempre foi uma consequência do que faço.

Quando você encontra seu propósito e faz daquilo a sua maior meta de vida, o dinheiro é uma consequência. Mas é preciso entender que a gente não precisa do dinheiro dando em árvores. Precisamos ter o suficiente para o que realmente nos deixa confortáveis. E cada um se sente confortável com um estilo de vida. O problema é que vejo pessoas que quanto mais dinheiro têm, mais elas querem. Quanto mais ganham, mais gastam. Sonham com ter dinheiro para ter o estilo de vida dos outros, sem nem mesmo questionar se ter aquilo é o que realmente as faria felizes.

Hoje eu sou feliz, mas vejo que também era feliz antigamente, quando tinha uma condição financeira mais difícil. Porque naquela época eu tinha menos, porém o que eu tinha era suficiente para mim. O meu propósito me dava plenitude, mesmo quando financeiramente eu passava por dificuldades.

Por isso mesmo é que eu nunca dou para o dinheiro mais importância do que ele tem. Dinheiro a gente tem que colocar no lugar dele e sempre lembrar que ele é um ótimo servo, mas nunca deve ser o nosso amo. A própria Bíblia diz isso. Nela "o deus do dinheiro" é chamado de Mamon. E quem serve a Mamon não pode servir a Deus. Onde um habita o outro não habitará.

Precisamos saber administrar isso de maneira correta. Entender a diferença entre ambição e ganância. Esse é um dos fatores mais fortes que movem a minha vida: eu trabalho por amor, não trabalho por dinheiro. Isso é o que me faz ir à luta, não desistir, ser comprometida, ser perseverante. Considero isso como um dos principais fatores do sucesso. O sucesso é uma consequência natural de sabermos utilizar os nossos talentos nas coisas certas em nossa vida. Resultados corretos vêm de ações corretas.

Todos fomos criados para o sucesso. Mas existem alguns cuidados que devemos tomar para que o alcancemos de maneira genuína e duradoura:

- Exteriorize o seu merecimento para obter o sucesso. Diga a si mesmo, todos os dias, "eu mereço alcançar o sucesso". E aja de acordo com esse pensamento;
- Escreva em um papel todos os talentos que você tem e também aqueles que acha que possui. Depois faça uma análise bem objetiva, perguntando a si mesmo: quais desses talentos eu tenho usado corretamente e quais deles eu tenho procurado desenvolver ainda mais?
- Nunca admita que outras pessoas definam o que é sucesso para você. Essa é uma decisão somente sua, pessoal e intransferível;
- Não acredite em mapas que sugiram um único caminho para o sucesso, mas em estratégias que possam favorecer o seu processo pessoal para encontrá-lo. O seu caminho para o sucesso somente existirá a partir do momento que você mesmo o criar;
- Seja sempre humilde e reconheça constantemente sua dependência de Deus durante esse processo de busca do sucesso e também em toda sua vida. A Bíblia diz que todo dom perfeito vem de Deus. Seja sempre grato e não se esqueça que toda honra e toda glória é sempre Dele!

Mais um ponto muito importante que você deve considerar: há diversas variáveis dentro do "conceito" de sucesso e uma das principais é o quão relevante o seu sucesso pessoal é para o mundo. Eu sempre digo isso e repito: uma meta alcançada com sucesso não tem tanta relevância se ela não incluir o próximo.

DIGA-ME

Vamos juntos procurar elucidar os caminhos e as condutas favoráveis ao sucesso. A palavra DIGA-ME representa um mnemônico para que você tenha sempre em mente estes quatro elementos, fundamentais para se conquistar o sucesso: **d**ecisão, **i**niciativa, **ga**rra e **me**tas.

Vamos falar sobre o método DIGA-ME de uma forma bastante prática, de modo que fique claro como é possível aplicá-lo no seu dia a dia. Se ficar mais fácil para você entender sua aplicação em sua vida, imagine-se usando-o na busca de uma meta profissional, por exemplo. Mas saiba que tudo o que o método ensina se aplica perfeitamente para buscas também nas áreas pessoais, voltadas para a melhora de suas condições físicas, do seu aprimoramento mental e da sua evolução espiritual.

Perceba como o método DIGA-ME funciona:

- Parta da sua realidade existente;
- Mantenha o foco no seu objetivo;
- Drible os campos de falhas;
- Atinja as suas metas, agindo sempre com decisão, iniciativa e garra.

Vamos olhar para tudo isso tudo mais de perto, a partir do diagrama a seguir:

Como é possível identificar, temos três colunas principais no diagrama, que podem assim ser descritas:

- A coluna da esquerda, que mostra como deve ser o direcionamento do seu foco;
- A coluna do meio, que detalha a sua caminhada rumos às suas metas;
- A coluna da direita, que lista as possíveis dificuldades que você vai ter de enfrentar e que, se não forem superadas, poderão levá-lo a falhar, a fracassar na conquista de suas metas.

Vamos ver isso em mais detalhes:

Coluna da esquerda

O foco é o que direciona toda a movimentação que deveremos empreender para atingir nossas metas.

A seta aponta para cima porque o foco deve acompanhar cada uma das etapas previstas na coluna do meio. Tudo depende do foco em nossos objetivos para existir, para acontecer. Se não mantivermos o foco, nada disso fará sentido.

Coluna do meio

Para buscar qualquer meta, qualquer objetivo, precisamos partir da nossa realidade existente. Porque só temos como fazer algo dar certo em nossa vida quando levamos em conta a nossa situação atual, que servirá de ponto de partida para a nossa jornada.

A partir daí, adaptamos todas as nossas ações de modo a podermos subir cada um dos degraus que nos levam à meta. De nada adiantaria fazer um plano de ação completamente fora da nossa realidade. Não daria certo, não iríamos sair do lugar.

Estes são os passos que nos levarão até as metas: a decisão, a iniciativa e a garra.

- Tomada a decisão de buscar a meta, traçamos um plano de ação;
- Colocamos a iniciativa e começamos a agir conforme planejamos. Mas é óbvio que iremos encontrar obstáculos. E só conseguiremos superá-los com muita garra;
- Colocamos garra na nossa jornada e desenvolvemos o poder de superação. A superação é fruto da nossa garra;
- Persistimos na nossa empreitada e então atingimos nossas metas.

Coluna da direita
Essa é a região que chamo de Campo da Falha. É onde vamos encontrar elementos que poderão vir a atrapalhar a nossa caminhada até nossas metas. Esses elementos podem ser as opiniões negativas - nossas e dos outros -, os objetivos inacessíveis, a preguiça, o desânimo, o hábito de culpar o mundo por nossos erros e não assumir nossas responsabilidades.

Baseando-me em estudos e em experiências - minhas e de pessoas que acompanhei -, pude concluir que esses elementos acontecem mais ou menos na sequência e nas etapas que é possível visualizar no diagrama:

- Quando estamos para tomar a decisão de buscar nossa meta, caso coloquemos na mente ideias como "não posso, não consigo, não tenho coragem", ou seja, se nos fixarmos em "opiniões negativas" - que podem ser nossas mesmas ou induzidas por outras pessoas - não sairemos dessa etapa. Não tomaremos a decisão de empreender a busca por nossas metas;
- Quando conseguimos superar as opiniões negativas e criamos o plano de ação, corremos o risco de colocar para nós mesmos alguns objetivos inacessíveis, impossíveis de atingir. E isso também vai levar ao fracasso da nossa empreitada. Nossos planos não vão dar certo;
- Quando traçamos objetivos acessíveis no plano de ação, mas nos envolvemos com a preguiça e o desânimo, ou criamos o hábito de culpar o mundo por nossas falhas e não assumimos a responsabilidade pelos nossos erros e fracassos, e também pelas conquistas que queremos realizar, então nos faltará iniciativa. E, sem iniciativa, não existe progresso no plano de ação;
- Se continuamos com a energia e as atitudes focadas na execução do nosso plano e assumimos que tudo depende de nós mesmos, fortalecemos a nossa iniciativa e partimos

para a ação. Vencemos os obstáculos e vamos para o próximo patamar na nossa escalada rumos às nossas metas;

- Ainda é possível que nos falte a garra para dar seguimento na nossa jornada. E isso pode levar à nossa desistência, ao abandono de nossa meta. Renovando e reforçando a nossa decisão e a nossa iniciativa, reestabelecemos a garra e entramos em um processo de superação, que finalmente nos levará a atingir nossa meta.

O que é importante nesta análise é perceber que todos esses elementos do Campo da Falha estarão presentes na nossa jornada de busca de nossas metas e que, para termos sucesso em alcançá-las, não podemos menosprezá-los e devemos sempre estar prontos a enfrentá-los.

Outro ponto que deve ser levado em consideração é que normalmente falhamos porque não damos tudo de nós e mais 100% na busca pelos nossos objetivos. É isso mesmo: "tudo mais 100%". Parece um exagero, mas não basta fazer o nosso melhor, não chega fazermos apenas bem o suficiente, ou melhor do que nossos amigos fariam, ou do que fizemos ontem. Temos que fazer muito mais do que o nosso melhor, para continuarmos a evoluir, para conquistar mais objetivos, driblar as possibilidades de falhas e elevar ainda mais os nossos referenciais de sucesso.

O sucesso vem da nossa atitude de resolver constantemente um dilema em que, por um lado nossa mente nos diz para pararmos e, por outro lado, alerta-nos de que devemos seguir em frente, continuar lutando pelo que queremos. Qual lado vamos ouvir é o que irá nos guiar até o fracasso ou ao triunfo.

O lado negativo pode ser ouvido sem esforço algum, enquanto escutar o lado positivo requer uma enorme força de vontade, onde vamos precisar de 100% de esforço extra. Então, chegamos à conclusão de que, se não dermos 200% de nosso empenho, nunca vamos ter o que desejamos. O sucesso nos exige comportamentos de excelência.

Percepção da realidade

Olhando para o diagrama que estamos analisando você pode ver que na parte de baixo temos em destaque a palavra "percepção". Minha intenção, neste caso, é chamar sua atenção para a importância de se ter uma percepção apurada da sua realidade antes de decidir quais metas vai buscar, traçar o seu plano de ação e se colocar a caminho do seu objetivo.

Nessa fase do processo é importante usarmos o nosso bom senso para colocar em perspectiva as coisas que queremos na vida, qual é a nossa realidade existente e o que precisamos para partir desse ponto inicial para chegar até lá em cima nas nossas metas.

É fundamental ter uma percepção aguçada sobre a nossa realidade, sobre o que precisamos mudar, o que precisa ser melhorado, o que precisa ser adaptado, enfim, de coisas que fazem parte do nosso cotidiano e que farão com que esse momento de decisão seja uma catapulta para nos levar até nossas metas.

Vejo muitas pessoas falhando diversas vezes, consecutivamente, em um círculo vicioso, porque elas não entendem a importância de adequar sua realidade às suas metas. Sonham grande, o que é positivo, mas não sabem começar pequenos.

Ninguém é proibido de ter sonhos grandes e até que pareçam loucura, mesmo porque acredito que quanto mais o sonho assusta, mais forte e transformador ele é. Temos mesmo que sonhar muito alto - afinal, como dizem hoje em dia, "sonhar grande e sonhar pequeno dá o mesmo trabalho. Então, sonhe grande".

Seja aquele que carrega a luz, que coloca o candeeiro no ponto mais alto, para que muitos possam vê-lo.

Porém, temos que entender que o sonho precisa ser acessível. Uma coisa é você sonhar alto e ser um sonho passível de ser alcançado. Outra coisa é sonhar uma coisa impossível, algo como, por exemplo, querer ser astronauta da NASA até o final do ano, sem nunca ter mesmo dado um único passo nessa direção. É algo impossível. Pode ser que algum dia você consiga, se estudar e se dedicar para isso. Pode até ser muito difícil, mas um dia pode conseguir - e, com certeza, não vai ser no final deste ano.

Esse é um exemplo simples e bem extremo, mas é só para você entender o que significa quando eu falo em respeitar a realidade existente.

Outro exemplo: existem mulheres que vivem na academia, não têm trabalho fixo, não têm que bater ponto, vivem para viajar, não têm filhos, vivem só de curtir a vida e cuidar do corpo e da vaidade. Agora, de que adiantaria outra mulher que bate ponto e trabalha das 8 da manhã às 6 horas da tarde, pega o ônibus, tem filhos para criar e tantas outras atribuições, querer planejar a vida dela de acordo com aquela pessoa do início do nosso exemplo? Não vai dar certo!

Ela pode sim sonhar alto e melhorar muito na vida e nada impede que um dia tenha uma vida como a daquela pessoa, mas vai precisar entender que o seu ponto de partida é a realidade existente em sua vida. Então, para melhorar e chegar mais longe, ela vai precisar estar com suas metas completamente adaptadas e os passos que vai dar têm que estar ajustados à realidade dela.

Quando comecei a trabalhar minhas metas de focar em academia e de criar um negócio baseado no Instagram, eu trabalhava no banco. Eu entrava no trabalho às 9 horas da manhã e muitas vezes saía às 9 da noite. Então, comecei a ir para a academia antes do trabalho. Não adiantava eu ficar achando que meu chefe deveria mudar meu horário ou me dar menos trabalho para eu conseguir malhar no meio da tarde ou fazer minhas coisas no horário que eu quisesse.

A minha transformação de sedentária para uma pessoa saudável e ativa, até eu virar inspiração para outras pessoas, foi construída respeitando a minha realidade.

Chegou um momento da minha vida em que entendi que se não cuidasse da minha saúde eu iria me acabar. Eu precisava parar, respirar e cuidar de mim. Estava cheia de pedras nos rins, colesterol alto, cheia de problemas de saúde e com a autoestima muito baixa, porque eu não me sentia bonita. Eu olhava no espelho e a imagem refletida não era do jeito que eu queria.

Havia urgência em que eu fizesse algo por mim mesma, mas eu tinha que respeitar também a minha realidade.

Foi quando conheci uma atleta competidora fitness, a Diana Monteiro, que estava de passagem por Orlando, e ela me inspirou muito. Ela me incentivou a buscar meu próprio caminho. Lembro-me de que ela falou que cada um tem a sua dieta, cada um tem o seu treino, e que é preciso respeitar a individualidade de cada pessoa. Mas que todo o esforço iria valer a pena. Isso me marcou muito.

Ela me disse que cada um tem que criar o seu próprio caminho. O caminho certo é aquele que é bom para você, que o leva ao destino que você quer chegar. Então criei o meu caminho.

Fui para academia, comecei a me cuidar, passei a cozinhar as minhas refeições. Eu não tinha a menor noção de nutrição, de treino, de nada. Fui realmente me virando, lendo muitos livros, pesquisando. Eu não tinha muitos recursos financeiros, tudo era muito limitado para mim. Então eu tive que adaptar a minha jornada à minha realidade e continuar a construir o meu sonho com o que eu tinha em mãos.

Mesmo com toda a limitação financeira e de tempo, que complicavam muito o meu desenvolvimento, passei a esforçar-me ainda mais. Tive que aprender tudo do zero, coisas básicas de alimentação e treino, praticamente sozinha. Quando os meus resultados começaram a aparecer, passei a publicar fotos nas redes sociais. Com isso começaram a aparecer vários seguidores, pessoas que se inspiravam na minha rotina, no meu dia a dia, e fui crescendo como fonte de informação e inspiração para muitas pessoas.

Com o tempo, mudei meu estilo de vida completamente e fiquei mais radical durante quase quatro anos. Comecei a competir no universo do fisiculturismo, que foi uma experiência também muito transformadora. Conheci os meus limites, tanto psicológicos quanto do meu corpo.

Tudo aconteceu e conquistei meus sonhos também nesse caso porque me dei conta de que a minha realidade era aquela e se eu quisesse ter sucesso em alcançar as minhas metas, eu teria que espremer horários na minha agenda, ajustar tudo o que era possível remanejar, dormir de maneira mais saudável, ver menos tevê, ajustar minhas refeições e tantas outras coisas mais.

Quando falo de se adaptar à realidade existente é disso que estou falando. É preciso ser realista. Não adianta querer alcançar seus maiores sonhos sem estar acordado para a realidade com que você vai ter que lidar para atingir esses sonhos.

É preciso levar em conta a sua realidade, com os dois pés no chão, para que você dê o primeiro passo e então possa dar passos cada vez mais largos, na medida em que for adaptando a sua realidade e as suas metas.

Não entre pela porta errada

Entendo e acredito muito que Deus quer que nós tenhamos sucesso, que nós tenhamos vida em abundância enquanto nós estivermos aqui na terra. Mas é claro que Ele quer também que nós tenhamos nossos objetivos, que corramos atrás do que é importante para nossa vida. Mas precisamos ter sempre em mente que acima de tudo isso está Deus. Nós não podemos colocá-lo em último lugar, priorizando buscar nossos desejos terrenos.

Muitas vezes na correria do dia a dia acabamos ficando ocupados demais e colocando Deus em último lugar. E então tudo fica mais difícil, porque a nossa força vem Dele. E se não o colocamos à frente das coisas nos tornamos fracos.

Temos obviamente foco no nosso objetivo e nas nossas metas, mas é importante que Deus seja sempre a base de tudo isso. E que a nossa vontade seja sempre de acordo com a vontade Dele. É essa a maneira legítima e segura para que os nossos planos não se frustrem, que sempre sejamos prósperos - não só materialmente, mas também espiritualmente -, para que todas as portas que se abram e que se fechem em nossa vida sejam de Deus.

Porque muitas vezes temos tão pouco discernimento espiritual, tão pouca sensibilidade no relacionamento com o divino que acabamos achando que uma porta que abriu à nossa frente é uma porta de Deus. Muitas vezes uma porta parece ser valiosa, tentadora, mas quando entramos por ela tudo nos mostra que aquela não era uma boa opção para a nossa vida.

Sempre é importante mantermos essa conexão espiritual, aquele relacionamento de amizade com Deus. Um relacionamento de intimidade onde desenvolvamos esse discernimento espiritual que muita gente chama de intuição - e que eu chamo de voz do Espírito Santo que temos em nós.

Só assim seremos capazes de entender que uma porta que se fechou para nós não foi uma punição, ou algo para nos agredir, não foi uma oportunidade que perdemos, mas, sim, foi um livramento de Deus. Para que também possamos entender que quando Deus nos abre uma porta, mesmo não sendo exatamente aquela porta que queríamos, é importante deixarmos tudo o que planejamos e questionamos de lado e entrar por aquela porta, confiando que Deus sempre tem o melhor para nós - pois Ele enxerga coisas que não vemos.

É certo que vamos enfrentar obstáculos durante a nossa caminhada e teremos de lutar contra tudo o que está naquele Campo da Falha - segundo nosso diagrama -, para temos sucesso no final. E vamos ter que deixar de focar nos problemas e nos mantermos focados nas coisas que Deus tem para a gente. Vamos precisar parar de focar no tamanho dos problemas e prestar mais atenção ao tamanho de nosso Deus, no tamanho daquele que está acima de nós e no quanto Ele deseja que sejamos felizes e que tenhamos sucesso.

Lembre-se sempre de que quando você põe o seu foco em Deus, qualquer que seja o seu problema ele fica infinitamente pequeno.

Davi lutou contra o gigante Golias. Ele era um menino pequeno e magro e ninguém acreditava que venceria a batalha. Mas Davi, com uma funda, acertou uma pedra na testa do Golias e o venceu. Por que ele conseguiu? Porque não manteve o foco no tamanho do problema, mas no tamanho da confiança que tinha em Deus.

Já Pedro afundou ao tentar andar sobre as águas, porque não manteve seu foco em Jesus (Mateus 14:25-31).

Sim, nós temos o livre-arbítrio e podemos decidir por quais portas entrar em nossa vida. Mas é muito importante que nosso foco esteja sempre baseado em Deus. É o foco em Deus que nos fará passar pelas provas do dia a dia e conquistar todas as vitórias e as glórias que realmente nos dão plenitude.

DEDIQUE-SE A AJUDAR PESSOAS A TRANSFORMAREM SUAS VIDAS

Sempre digo que orgulho na medida certa faz bem, porque nos traz um sentimento de gratidão pelo que somos e um desejo ainda maior de sermos cada vez mais e ainda melhores - para nós mesmos e para o próximo.

Gosto de ter orgulho dos meus feitos, pois eles me trazem uma sensação de "dever cumprido". Para mim não há nada mais gratificante do que escutar de alguém algo como "você mudou a minha vida" ou "por sua causa perdi 20 quilos e hoje tenho de volta a minha saúde e autoestima". Isso me enche de satisfação e me torna ainda mais grata por ser quem eu sou e fazer o que faço.

Maior ainda é a minha satisfação quando consigo inspirar as pessoas a transformarem suas vidas no nível espiritual. Quando as ajudo a se desenvolverem na espiritualidade.

Já nascemos com sede das coisas que nos conectam a Deus, porque nosso espírito é um "pedaço" Dele em nós. E muitas vezes passamos uma vida inteira quebrando nossa cabeça, dando murro em ponta de faca e buscando respostas onde elas não existem, e o vazio continua lá, agonizando nosso espírito. Simplesmente porque não reconhecemos o quanto somos dependentes da presença de Deus em nossa vida.

A maioria de nós - e me incluo nessa lista - está submetido a uma mídia que propaga informações, leituras, músicas, programas e diversas outras coisas que não são edificantes para a nossa existência. Pelo contrário, elas nos confundem ainda mais e nos afastam das coisas que realmente têm valor nesta vida. E tudo isso, que não é edificante, penetra através do nosso filtro emocional - que é extremamente falho -, intoxicando-nos cada dia mais.

Passei muitos anos buscando explicações para coisas que jamais poderiam ser explicadas neste mundo, e sim somente dentro de uma jornada que envolve a busca espiritual. Cheguei a um ponto da minha vida onde sentia tanta angústia e um vazio tão grande que meu espírito chegava a gritar por socorro! Não que eu estivesse passando por algum problema específico para que isso se justificasse, mas o simples fato de ter sede de Deus, que eu não conseguia saciar, me levava a essa angústia incurável.

Foi quando compreendi que a sede espiritual não depende de absolutamente nenhum fator externo a nós para existir, que não é necessário ter problemas para sentir "dor". Porque toda a dor nasce dentro de nós mesmos, quando insistimos em nos mantermos presos ao mundo material.

Resolvi buscar respostas onde nunca havia tentado antes: na Bíblia. Não era uma questão de buscar uma religião, mas sim de estimular a minha fé. E foi exatamente isso que encontrei e desenvolvi, para que eu pudesse mergulhar nos ensinamentos sagrados. Sem fé seria impossível eu crer naquilo que não via e nem poderia agradar a Deus.

Deus entrou em minha vida de uma forma súbita e maravilhosa. Ele escreve certo por linhas certas e nunca chega atrasado. Tudo tem sua hora e nem uma folha cai de uma árvore sem que isso esteja de acordo com a vontade Dele.

Hoje entendo que sou quem sou porque Deus é quem Ele é. E sei o significado de nunca estar só e de ser tão amada a ponto de Jesus ter morrido por mim.

Percebo que quanto mais me aprofundo nesse relacionamento com Deus, mais eu me transformo e mais paz encontro, mesmo diante as adversidades. Fui e continuo sendo orientada e amorosamente ensinada por grandes líderes espirituais. Contudo eu compreendo que o meu relacionamento com Deus não depende de ninguém mais, somente de mim mesma. Eu não preciso marcar encontros com Ele somente aos domingos na igreja, pois converso com Ele e peço Sua orientação todos os dias, seja no meu quarto, no meu carro, na rua ou onde quer que eu esteja. A espiritualidade hoje está em mim, assim como ela está em cada um de nós!

Junto com a minha espiritualidade, desenvolvi a minha fé. Não pense que é uma tarefa fácil. É algo muito desafiador. Gosto muito de usar a "analogia dos portões", para estimular-me a continuar na minha jornada de crescimento na fé: "cada distração que encontramos neste mundo é um portão que nos 'aparta' de Deus, principalmente quando essas distrações nos levam ao pecado. Quanto mais conseguimos abrir e atravessar esses portões, sem ficarmos trancados do lado de fora, mais perto de Deus chegamos".

Quero dividir com você um segredo sobre a espiritualidade, que fará toda a diferença em sua vida: ela não se desenvolve por si só. Apesar de cada um de nós ter a capacidade inesgotável de cultivar a espiritualidade, precisamos buscá-la de modo decidido e consciente. Precisamos abrir esse canal de "comunicação" com a divindade, para que possamos experimentar o melhor de Deus em nós, mesmo durante a vida neste mundo, antes da vida eterna.

Sim, as distrações são inevitáveis, mas podemos escolher ficar estagnados nelas ou prosseguir, para o alvo que é Jesus. É uma maratona diária e somos atletas de Cristo. Assim como corredores, maratonistas, nadadores e todo tipo de atleta necessita treinar e se dedicar para alcançar suas metas profissionais, nós todos também precisamos treinar os nossos músculos da fé para que possamos chegar cada vez mais perto do nosso objetivo.

Assim, venho desenvolvendo minha espiritualidade a cada dia - ouvindo a Deus e falando Dele. Porque a fé vem do ouvir e do falar de Deus, não há outra forma. E me posiciono de maneira a falar de Jesus sempre, com alegria e amor no coração. Porque não estou presa a dogmas religiosos e muito menos coloco Deus dentro de uma caixa. Sou livre em Cristo e ser livre Nele é poder falar Dele onde quer que eu esteja.

Procuro ajuda quando sinto que me falta a compreensão e tenho a humildade para perguntar o que não sei. Vejo, por exemplo, que muitas pessoas encontram dificuldades em ler a Bíblia, devido ao nível de complexidade do vocabulário utilizado. Eu também já esbarrei nessa dificuldade, mas sempre contei com a ajuda do meu querido pastor, que pacientemente me ensinou durante os estudos bíblicos, até que o Espírito Santo me desse o discernimento necessário para que eu compreendesse a Bíblia. Contudo, até hoje e para sempre seguirei estudando a Palavra e sendo amorosamente confrontada por ela.

Quero dizer a você que não desista de investir no seu maior bem: a sua espiritualidade. Num primeiro momento pode até não parecer fácil, mas é aí que mora o segredo: não é para ser fácil. Porque as coisas fáceis são rasas e não requerem tanto esforço e dedicação - mas também não trazem muita plenitude quando você as conquista.

A espiritualidade é algo profundo e requer dedicação e esforço para que seja não só alcançada, mas, acima de tudo, compreendida. E para que gere em sua vida toda a transformação que você merece, que veio a este mundo para buscar.

Hoje, depois de tantas bênçãos recebidas, sinto-me feliz em poder compartilhar com você estas palavras e os ensinamentos que recebi e continuo a receber.

Sou uma mulher de muita fé, mas sei também que a fé sem obras não vale nada. Então, este livro é uma das minhas obras, que ofereço a você e para o mundo, com a esperança em Jesus de poder alcançar e tocar o maior número de vidas possível.

Meu maior estímulo é a possibilidade de, quem sabe, ajudar milhares de pessoas a quebrarem os grilhões que os impedem de alcançar lugares mais altos na vida, ancorados na sua fé.

O que recomendo, agora que já conversamos bastante, é que você faça bem o que tem que ser feito e faça muito daquilo que lhe dá alegria e paz de espírito. Faça muito por você mesmo e pelos outros e sinta orgulho do que faz. Apoie seus atos e pensamentos na fé e construa um caminho digno de ser trilhado e seguido por muitos outros que possam estar se espelhando em você.

Adote a simplicidade. Pense e aja de maneira simples. Simplifique seu modo de encarar a vida e ela será mais suave. Coloque na sua bagagem apenas aquilo que lhe acrescenta e abandone o peso desnecessário. Mude a estratégia, crie uma nova percepção, renove-se na sua fé, descomplique. Porque tudo que é demais sobra, e tudo que sobra é desnecessário. Seja simples e sofistique apenas na medida certa. Viver bem é apenas uma questão de fé.

Trabalhe para ajudar pessoas a transformarem suas vidas, recheie seu trabalho com energia boa e sorrisos largos, faça de sua vida uma obra inspiradora e libertadora para todos a quem puder alcançar, direta ou indiretamente. Nós não viemos a esse mundo para sermos servidos, mas para servirmos ao próximo. Isso nos traz a certeza de que o que realmente nos preenche não está nas obras realizadas apenas para benefício próprio. As obras que fazemos pensando no próximo são o teste e a materialização de nossa fé.

Seja aquele que faz uma diferença positiva na vida das pessoas, ao longo do caminho por onde você passar. Seja a terra fértil pronta para frutificar sementes do bem e seja também o semeador - aquele que jamais perde a oportunidade de lançar em terras de outrem uma palavra edificante. Na sua fé e na sua simplicidade, rompa com o medo e conquiste a verdadeira liberdade.

Nesta minha jornada, quando olho para trás vejo que cada passo dado valeu a pena. E quando olho para frente, vejo um futuro cheio de esperanças.

E é isso que desejo também a você: um futuro grandioso, amparado sempre nos ensinamentos do Rei Jesus.

BELLA FALCONI é, há muitos anos, inspiração para as pessoas através das redes sociais, ao compartilhar seu estilo de vida saudável e sua determinação. Como personalidade do mundo fitness, foi destaque em várias capas de revistas e programas de televisão. Graduada em Ciência da Nutrição pela Universidade Kaplan e mestranda em Nutrição Aplicada pela Northeastern University, Bella faz palestras de motivação desde 2013 e já participou de diversos seminários ao redor do mundo, além de ser certificada como Life Coach e ISSA Personal Trainer.

Fontes GALAXIE COPERNICUS, GIORGIO SANS
Papel ALTA ALVURA 75g/m²
Impressão IMPRENSA DA FÉ